LOTHAR SEIWERT

Arturs Geheimnis

Wie wir Sinn sammeln statt Sachen

Inhalt

Herausforderung

Die Welt gerät aus den Fugen

E in milder Spätsommertag neigte sich dem Ende zu, die Sonne stand schon tief. In sanften Wellen erstreckte sich das Feld bis zum Horizont, sacht wogten die Ähren in der abendlichen Brise. Aus einer kleinen Baumgruppe ertönte das kecke Tschilpen einiger Feldlerchen, ansonsten herrschte friedliche Stille. Nur am Boden herrschte emsiges Treiben. Eine kleine Hamsterkolonie war erwacht und wuselte geschäftig hin und her. Der Spätsommer war eine günstige Zeit, um Nahrung für den Winter zu sammeln, und die kleinen Nager betrieben dies mit Hingabe. Was gab es Schöneres als zu schnüffeln, zu suchen, zu wühlen und zu sammeln – kurz: zu hamstern? Maxi, eine stattliche Hamsterdame, hatte wie immer die Nase vorn. Sie besaß ein besonders gutes Gespür für Futterquellen.

Zudem hatte sie eine – für die anderen Hamster unergründliche – Technik entwickelt, um in ihren Backen noch mehr Körner zu verstauen, als anatomisch möglich erschien. Der zarte Fridolin brauchte mal wieder etwas länger, um in die Gänge zu kommen. Er streckte sich und gähnte ausgiebig, dabei konnte man seine gut gepflegten Zähne sehen, auf die Fridolin bei aller Bescheidenheit insgeheim sehr stolz war. Die junge hübsche Lisa sortierte gerade etwas in ihrer Vorratskammer, während Karl und Hella intensiv über eine Kornart diskutierten. Karl hatte wie so oft etwas auszusetzen. Er war der Ansicht, dass das Korn ungenießbar sei; Hella hielt dagegen, dass es nach einer gewissen Lagerungszeit anders schmecken würde.

Nur Artur saß ein wenig abseits auf einem Stein und hatte vor sich ein kleines Notizbuch aufgeschlagen. Eigentlich war er sehr ungestüm und hatte Lust, durchs Feld zu flitzen, aber heute war Mittwoch, und an dem Tag widmete er sich als Erstes immer seiner »Berufung«, wie er es im Stillen nannte. Artur wollte Schriftsteller werden. Deshalb hielt er jeden Mittwoch die besonderen Ereignisse der vergangenen Woche fest. Das Dumme war nur, dass nicht sehr oft etwas Besonderes passierte. Deshalb waren die Seiten seines Notizbuchs noch ziemlich leer. Das wurmte Artur hin und wieder. Aber da sein Vater früher immer gesagt hatte:»Von nichts kommt nichts«, fand Artur, dass er sich zumindest regelmäßig in schriftstellerischer Bereitschaft halten müsste.

Zudem dachte er in diesen Momenten über etwas nach, das ihn in letzter Zeit zunehmend beschäftigte. Genau konnte er es noch nicht fassen, aber irgendetwas störte Artur an seinem Leben. Eine gewisse Monotonie durchzog die Nächte, und immer öfter überkam ihn ein Gefühl der Leere. Manchmal war er so verzweifelt, dass er weder aus noch ein wusste.

Unterdessen war die Dämmerung weit vorangeschritten und bot den Hamstern Schutz vor ihren Fressfeinden. Maxi kehrte schon mindestens zum vierten Mal mit vollen Backen zu ihrem Bau zurück, und auch Fridolin war inzwischen aktiv. Aufgrund der Dunkelheit hatten die Hamster nicht bemerkt, dass sich der Himmel verdüstert hatte. Pechschwarze Wolken türmten sich förmlich übereinander, die Luft wurde schwer. Erst als vom Himmel ein unheimliches Rollen ertönte, gefolgt von einer peitschenden Windbö, hielten die Hamster erschrocken inne und richteten witternd ihre Oberkörper auf. »Achtung, ein Unwetter!«, rief Karl heiser, doch das Tosen des Himmels verschluckte seine Worte. Wobei es auch keiner weiteren Erklärung bedurft hätte: Blitzschnell flohen die Hamster zu ihren Bauten und sausten in die Tiefe hinab. Es war keine Sekunde zu früh. Über ihnen tobte ein Sturm, wie ihn selbst die alte Hella noch nicht erlebt hatte. Ein Krachen, Rauschen, Heulen, Sausen, Donnern, Beben, Grollen und Prasseln erfüllte die Luft – es war, als würde jemand die Welt aus den Angeln heben. Zum Glück waren die Hamsterbauten tief in den Erdboden eingelassen, und während sich die einen ganz klein in ihrem Nest zusammenrollten, fühlten sich die anderen in ihrer Vorratskammer sicherer.

> *Wir haben es selbst in der Hand, wie sinnvoll unser Leben ist.*

Dann, nach einer gefühlten Ewigkeit, herrschte draußen plötzlich Stille. Artur war der erste, der die Schnauze vorsichtig aus seinem Bau hob und in die Luft schnupperte. Irgendetwas war anders. Verdächtig anders.

Da ertönte neben ihm ein Rascheln und Karls Kopf tauchte aus der Erde auf; kurz darauf erschienen auch Lisa, Maxi und Fridolin. Stumm blickten die Hamster um sich. Im Licht des Mondscheins bot sich ihnen ein Anblick heilloser Zerstörung. Wo sich vor wenigen Stunden noch goldener Weizen in der Abendsonne gewiegt hatte, war ein Hagelsturm auf das Feld niedergegangen und hatte eine Wüstenei aus Schlamm und abgeknickten Halmen zurückgelassen.

Da fragte Maxi plötzlich: »Wo ist eigentlich Hella?«

Erschrocken liefen sie zu Hellas Bau. Er war vom Hagelsturm besonders stark in Mitleidenschaft gezogen worden, und Hella schaffte es nur mühsam, an die Oberfläche zu krabbeln. Erschöpft schüttelte sie sich und hustete ein paarmal, bevor sie den Blick schweifen ließ. Ihre Augen weiteten sich vor Schreck. Dann blickte sie die anderen Hamster fest an und sagte: »Wir müssen reden.«

Den Tatsachen
ins Auge blicken

Der große Hamster-Rat

rtur hockte auf seinem Schriftsteller-Stein. Fridolin lief nervös hin und her, Karl blickte mit offenkundiger Missbilligung auf die Zerstörung um sie herum, und Lisa und Maxi unterhielten sich leise miteinander.

Alle warteten auf die Stammesälteste, die sich noch mal kurz ein wenig »frisch machen« wollte. »Ich bin zwar nicht mehr die Jüngste«, hatte Hella gesagt, »aber so viel Zeit muss sein.« Die etwas pummelige Lisa hatte ihr einen anerkennenden Blick zugeworfen; sie bewunderte das untrügliche Stilempfinden der älteren Dame.

Es dauerte nicht lange, da tauchte Hella auch schon auf. Sie sah tatsächlich etwas munterer aus und ihr Fell glänzte im Mondlicht. Die anderen rückten näher an sie heran.

Hella räusperte sich kurz, bevor sie zu sprechen begann: »Liebe Freunde, wir haben schon vieles miteinander durchgestanden: aggressive Raubvögel, Hitzeperioden, starke Regenfälle. Aber so etwas wie heute habe ich in meinem Leben noch nicht erlebt. Die Zeiten ändern sich, die Natur bäumt sich auf. Nun wird es ernst.«

»Das kannst du wohl laut sagen«, unterbrach sie Karl. »Unsere bisherigen Vorräte reichen nicht für den Winter, und wo sollen wir nun weitere Nahrung finden? Es ist doch alles zerstört!« Er schnaufte ein wenig. »Wir werden verhungern.« Fridolin warf ihm einen erschrockenen Blick zu. So weit hatte er noch gar nicht gedacht. Entmutigt sackte er in sich zusammen.

Wenn wir nichts unternehmen, sieht die Zukunft nicht gut aus.

»Ich hätte schon genug für den Winter, aber ich stehe so kurz davor, einen Hamsterrekord aufzustellen«, maulte Maxi, »und nun wird wieder nichts daraus. Es ist einfach ungerecht!«

Hella warf ihr einen strengen Blick zu und Maxi verstummte. »Es geht nicht um Rekorde«, fuhr Hella fort. »Karl hat recht: Wenn wir nichts unternehmen, sieht die Zukunft nicht gut für uns aus – in mehrfacher Hinsicht.«

»Aber gibt es denn überhaupt etwas, das wir tun können?«, warf Lisa zaghaft ein.

»Ich glaube schon«, erwiderte Hella, »darauf wollte ich gerade hinaus. Wir haben auf diesem Feld lange und gut gelebt. Doch es gibt noch andere Orte. Und darin liegt für uns eine große Chance.

Manchmal muss etwas Dramatisches passieren, damit wir unsere Komfortzone verlassen; ansonsten würden wir nie etwas verändern. Und ich glaube, wir stehen jetzt an genau diesem Punkt.

Deshalb lasst uns den Hagelsturm als Signal zum Aufbruch betrachten! Als Zeichen dafür, dass es noch mehr gibt im Leben als Hamstern. Ich denke da an die Legende von der weisen Hamsterin …«

Artur merkte bei Hellas letzten Worten auf: »Der weisen Hamsterin? Von ihr habe ich noch nie gehört.«

Eindringlich bat er: »Erzähl, Hella, was hat es mit der weisen Hamsterin auf sich?«

»Nun, die weise Hamsterin ist kein normaler Hamster so wie wir. Sie existiert außerhalb der Zeit und sie kennt das Geheimnis des Lebens. Auserwählten Hamstern zeigt sie sich.

Es heißt, sie lebe an einem See inmitten der Berge, dessen Wasser von einem tiefen Smaragdgrün ist. Ein abgeschiedener Ort, zu dem nur wenige Zugang haben.«

»Das klingt paradiesisch«, seufzte Lisa, während sich Artur zur gleichen Zeit laut wunderte: »Wieso grün? Ich dachte immer, Wasser sei blau.«

»Es ist eben ein besonderer Ort«, erklärte Hella, »die Wasserfarbe hat etwas mit der Lage des Sees in den Bergen und mit

Manchmal muss etwas Drama-tisches passieren, damit wir unsere Komfortzone verlassen – sonst würden wir nie etwas ändern.

der weisen Hamsterin zu tun. Sie hat besondere Kräfte, die sich auf ihre Umgebung auswirken.«

Alle schwiegen einen Moment und stellten sich den See in den Bergen vor. Wie still musste es dort sein, so hoch oben, unter blauem Himmel. Umgeben von saftigen Wiesen voll köstlicher Insekten. Sicherlich würde es in den Bergen auch weniger Raubvögel, Wiesel und Füchse geben – letztere konnten besonders heimtückisch sein … Und das Revier der weisen Hamsterin war mit Sicherheit ein Reich, in dem die Sterne ganz besonders funkelten und wo der Frieden zu Hause war.

»Also gut«, unterbrach Artur die andächtige Stille, »dann gehen wir doch hin zu diesem See!«

»Wenn es nur so einfach wäre«, gab Hella zurück. »Das Problem ist, dass ich nicht genau weiß, wo er liegt. Das Wissen darüber wurde von unseren Ahnen jeweils an die nächste Generation weitergegeben. Meine Urgroßmutter hat mir den See beschrieben, aber nicht gesagt, wie man zu ihm gelangt. Keiner, den ich noch gekannt habe, war jemals dort. Aber es ist ein Ort, der für uns Hamster von großer Bedeutung ist.«

»Na toll«, ärgerte sich Karl. »Erst machst du uns den Mund wässrig und dann sagst du gleich darauf, dass wir dort sowieso nicht hinkönnen.«

»Das habe ich nicht gesagt. Ich meinte nur, dass es nicht leicht wird.«

»Also was denn nun?«, grummelte Karl, der es eigentlich genoss, mal wieder etwas auszusetzen zu haben. Für ihn gab es nichts Schöneres als Streit und Diskussionen, bei denen er

dann anfing, sein Gegenüber mit ausgefeilten – und zum
Teil etwas abwegigen – Argumenten zu verblüffen.
»Gehen wir noch mal einen Schritt zurück«, sagte Hella.
»Es ist wichtig, dass wir uns über unsere Situation voll-
kommen im Klaren sind:
Unser Lebensumfeld hat sich heute Nacht auf einen Schlag
gravierend verändert. Wir müssen uns neu orientieren.
Der Hagelsturm ist ein Weckruf, der uns dazu auffordert,
unser Leben neu zu entdecken.«
Hella machte eine effektvolle Pause.
»Nun schaut nicht so ungläubig drein! Wir Hamster sind
widerstandsfähig, neugierig und ausdauernd.«
Ihre Stimme wurde lauter, sie war in Fahrt geraten, ihre
Augen blitzten energisch: »Und das ist viel Wert in einer
Krisensituation wie dieser.«

Wir müssen unser Leben
neu entdecken.

Während Fridolin noch immer in schreckhafter Starre ver-
harrte, war Artur bei Hellas Worten ganz zappelig geworden.
Er bemühte sich, der verehrten Stammesältesten zuzuhören,
aber aufgrund seines lebhaften Naturells fiel ihm das unglaublich schwer.
Zudem hatte er das starke Gefühl, dass es eine Verbindung
zwischen seiner Unzufriedenheit mit dem Leben und der
weisen Hamsterin am grünen See gab.

Wieso hatte er noch nie von ihr gehört? Worin bestand ihr Geheimnis? Wusste sie vielleicht etwas, das ihm konkret weiterhelfen würde? Je mehr solcher Gedanken ihm durch den Kopf schossen, desto unruhiger wurde Artur. Schließlich konnte er sich nicht länger beherrschen und rief dazwischen: »Ja, aber was ist denn nun mit dem grünen See?«

»Meine Vorfahren sagten, er liege irgendwo im Norden. Davor kommt erst ein großer Wald und dann eine sumpfige Gegend – oder war es eher eine Steinwüste? Hm, ich bin mir gerade nicht sicher …«

»Aber das ist doch schon mal ein Anhaltspunkt«, rief Artur tatendurstig. »Ich werde diesen See finden!«

Hastig schnürte er sich die Schuhe etwas fester zu und schnappte sich sein Notizbuch.

»Nein, warte«, rief Hella erschrocken, »so kannst du doch nicht losziehen!«

Aber Artur war nicht mehr aufzuhalten. Er nickte seinen fünf Freunden noch einmal zu und sauste los in die Nacht.

Neugier

Artur begegnet einem Erdgeist

Der Mond war schon weitergewandert, als sich Artur seinen Weg durch das verwüstete Feld bahnte. Statt wie sonst unbekümmert an den Pflanzenreihen entlangzuflitzen, musste er gut achtgeben, wohin er lief. Mal hatte der Hagel regelrechte Wasserlachen gebildet, dann musste er einen Umweg machen. Mal bildeten die abgebrochenen Halme ein nahezu undurchdringliches Dickicht; dann versuchte er, darüber hinwegzuklettern. Es war mühsam und Artur kam nur langsam voran. Aber er war voller Energie und Tatendrang. Endlich passierte etwas Besonderes! Das würde ihn als Schriftsteller ein großes Stück weiterbringen. Außerdem freute er sich, dass er auf diese Weise in ganz neue Gegenden vorstieß. So hatte doch alles Schlechte auch sein Gutes.

Doch plötzlich kam er nicht mehr weiter. Ein Erdwall türmte sich vor ihm auf. Der Hagel war an dieser Stelle wohl mit einer solchen Wucht auf den Boden aufgeschlagen, dass sich daneben eine fast senkrechte Wand aus Erde gebildet hatte.

Artur wollte an ihr hochklettern, doch sie war so glitschig, dass seine Pfoten keinen Halt fanden. Er versuchte es immer wieder, aber es war nichts zu machen: Jedes Mal schlitterte er die wenigen Zentimeter, die er geschafft hatte, rückwärts wieder hinunter.

Hin und wieder lösten sich einzelne Schlammbrocken und krachten in Richtung Boden. Artur konnte ihnen jeweils gerade noch rechtzeitig ausweichen. Aber um den Wall herumlaufen konnte er auch nicht, dort versperrten ihm riesige Wasserlachen den Weg.

Sei offen für Neues.

Artur grübelte. Und er war so in Gedanken versunken, dass er anfangs das merkwürdige Geräusch gar nicht wahrnahm. Dann auf einmal hörte er das Fiepen. Oder war es eher eine Art Pfeifton? Wie auch immer, das Geräusch schien mitten aus dem Schlammwall zu kommen.

Artur gruselte sich. Sollte das etwa einer dieser Erdgeister sein, von denen Karl einmal erzählt hatte? Er überlegte, ob es nicht doch einen vernünftigeren Weg gäbe, um ans Ende des Feldes zu kommen.

Aber dann siegte Arturs Neugier. Er spitzte die Ohren, um das Geräusch näher zu lokalisieren.

Da! Es schien von etwas weiter links zu kommen. Vorsichtig tappte Artur in diese Richtung. Das Fiepen wurde lauter. »Hallo, ist da jemand?«, rief Artur.

Statt einer Antwort erscholl eine Art Rumpeln aus dem Erdwall. Erschrocken machte Artur einen Satz zurück. Was, wenn es wirklich ein Erdgeist war? Fraßen Erdgeister Hamster? Er wünschte, Karl wäre jetzt bei ihm. Sollte er zurücklaufen und seinen brummeligen Kameraden zu Hilfe holen? Aber nein, er konnte doch nicht so bald wieder umkehren! Außerdem wollte er nun wirklich gern wissen, wie der Erdgeist aussah. Vielleicht war das seine einzige Chance, jemals einen solchen Geist zu treffen? Karl würde ganz schön staunen, wenn er ihm davon erzählte.

Die Neugier hatte Arturs Angst weggefegt. Aufgeregt hüpfte er auf der Stelle auf und ab. Dann versuchte er es noch einmal: »Hallo, Erdgeist, wo bist du? Kannst du mich hören?«

Das Fiepen wurde lauter, und nun begann der Wall in der Nähe von dort, wo Artur stand, zu vibrieren.

»Huch?!«, entfuhr es ihm unwillkürlich, doch schon rannte er zu der Stelle hin.

Erst zaghaft, dann immer entschlossener begann Artur zu graben. Das war gar nicht mal so leicht, denn der Schlamm war so feucht, dass seine Pfoten ständig verklebten.

Gerade wollte er einen dicken Erdbatzen beiseite schaufeln, als er auf etwas stieß, und da hörte er auch schon ein lautes »Autsch!!«

Verblüfft hielt Artur inne. Er hätte gedacht, dass sich Erdgeister etwas gewählter ausdrückten.

Im nächsten Moment erschien der Kopf des Erdgeistes und Sekunden später hatte sich seine ganze Gestalt aus dem Erdwall herausgeschält. Halb körperhaft, halb körperlos tanzte der Erdgeist wie ein flatterndes braunes Nachthemd vor Artur hin und her.

»Pass doch auf!«, schimpfte der Erdgeist. »Das ging direkt ins Auge. Ich habe doch extra gefiept, um zu zeigen, wo ich bin.«

»Entschuldige bitte!«, gab Artur zurück, »ich wusste nicht, dass ich dir wehtue.«

Fasziniert starrte er sein Gegenüber an. Wie sich dieses Nachthemd wohl anfühlte – wie ein ganz kurzes Fell oder eher wie eine Fischhaut? Zu gern hätte Artur den Erdgeist angefasst, aber traute sich nicht so recht. Denn dieser hatte sich inzwischen zu seiner vollen Größe aufgerichtet und sah Artur prüfend an. Es war ein strenger Blick, aber wenn Artur nicht so aufgeregt gewesen wäre, hätte er das Wohlwollen darin bemerkt.

»Was machst du hier überhaupt? Ihr Hamster lebt doch eigentlich am anderen Ende des Feldes.«

»Ich bin unterwegs, um einen See auszukundschaften«, antwortete Artur.

»Aha. Und warum gerade du?«

»Wie, was meinst du damit?«

»Warum bist du und nicht einer der anderen Hamster losgezogen?«, fragte der Erdgeist.

»Ich habe mich freiwillig gemeldet. Ich wollte es gern.«

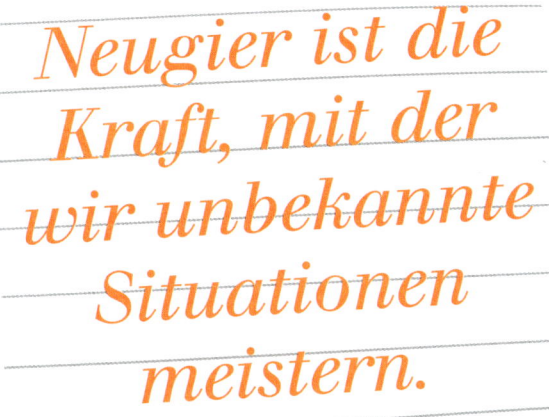

Neugier ist die Kraft, mit der wir unbekannte Situationen meistern.

»Warum?«

Immer diese Warum-Fragen! Artur wollte gerade eine leicht patzige Antwort geben, hielt dann aber inne. Denn eigentlich war es eine gute Frage. Warum war er so begierig darauf gewesen, den See auszukundschaften? War es die Suche nach schriftstellerischen Themen? Oder wollte er seine Gefährten durch seinen Mut beeindrucken? Nein, das traf es alles nicht. Seine Motivation war irgendwie unbestimmter und zugleich grundsätzlicher.

»Ich wollte mal etwas anderes erleben«, antwortete er schließlich, »und dies schien mir eine gute Möglichkeit zu sein.«

Wieder blickte der Erdgeist ihn forschend an.

»Und was versprichst du dir von ›dem anderen‹, wenn ich fragen darf?«

»Ich … ich weiß nicht recht«, stotterte Artur. »Aber ich habe manchmal das Gefühl, dass immer nur zu hamstern furchtbar langweilig ist. Mitunter fühle ich mich innerlich ganz leer.«

»Nicht schlecht«, murmelte der Erdgeist zu sich selbst. An Artur gewandt sagte er: »Du bist auf dem richtigen Weg, mein Freund. Das Gefühl von innerer Leere ist etwas Schreckliches und du tust gut daran, etwas dagegen zu unternehmen. Ich werde dir jetzt helfen, diesen Erdwall zu überwinden. Aber für deinen weiteren Weg ist es noch viel wichtiger, dass du gut auf dein Inneres achtgibst – auf deine Erfahrungen und Gefühle. Dann wirst du dich weiterentwickeln.«

Artur merkte, dass es dem Erdgeist ernst war, und nahm dessen Worte aufmerksam in sich auf.

Weiterentwickeln. Diesen Ausdruck hatte er noch nie in
Bezug auf einen Hamster gehört. Die Alten sprachen im
Frühjahr höchstens davon, dass sie hofften, das Korn werde
sich in diesem Jahr gut entwickeln. Er wollte dazu gerade
eine Bemerkung machen, aber der Erdgeist hatte offensicht-
lich anderes im Sinn.

»Also los«, sagte der Erdgeist, »dann komm mal mit mir
mit.«

»Wohin?«, fragte Artur.

»Na, hier hinein«, der Erdgeist deutete auf den Hügel hinter
sich. »Ich geleite dich durch einen Gang, den ein Maulwurf
durch diesen Erdwall gegraben hat.«

Neugier und Angst schließen einander aus.

Als er merkte, dass Artur minimal zögerte, fragte er: »Was ist –
traust du dich nicht?«

Doch Artur musste nicht lange überlegen: Dem Neugierigen
gehört die Welt!

»Halte dich nah hinter mir«, sagte der Erdgeist noch, bevor sie
in den dunklen Gang eintauchten.

Im Innern des Erdwalls kam Artur aus dem Staunen nicht
heraus. Wie geräumig die Gänge waren! Im Vergleich dazu
wirkten die Gänge ihrer Hamsterbauten wie Miniaturen. Und
sie schienen sehr gut befestigt zu sein. Mehrmals ging es um

eine Kurve, dann wieder führte der Tunnel ein wenig nach
unten, um später wieder anzusteigen.
Sie waren lange unterwegs und zuweilen hatte Artur Mühe,
mit dem Erdgeist Schritt zu halten. Doch irgendwann
erreichten sie das andere Ende.
Artur war zutiefst beeindruckt von dem dunklen Labyrinth
und bedankte sich herzlich bei seinem kundigen Führer.
»Gern geschehen«, erwiderte der Erdgeist. »Und nun lauf
erst ein Stück geradeaus und bei der nächsten großen Wasser-
lache musst du rechts herum. Dann kommt irgendwann der
Wald. Viel Glück!«
»Das kann ich gebrauchen«, lächelte Artur und verabschiedete
sich von seinem Helfer.

Artur dachte nach.
Was konnte er daraus lernen?

Nachdem er ein Stück gelaufen war, machte Artur eine
Pause.
Er kramte sein Notizbuch hervor: Die Sache mit dem Erdwall
und dem Erdgeist war doch idealer Stoff zum Schreiben!
Seine Pfote kreiste über dem Papier. Leider wusste er nicht,
wie er anfangen sollte.
Artur dachte eine Weile nach. Wie ließ sich das, was er gerade
erlebt hatte, am besten in Worte fassen? Wichtiger noch: Was
konnte er daraus lernen?

Allmählich sortierten sich die Gedanken in seinem Kopf.
Mit großen, etwas krakeligen Buchstaben schrieb Artur:
»Sei offen für Neues.«
Hm, das klang noch etwas sehr allgemein, aber es ging in die
richtige Richtung. Genauer müsste er es wohl so formulieren:
»Neugier ist die Kraft, mit der wir unbekannte Situationen
meistern.«
Zufrieden blickte Artur auf diesen zweiten Satz. Das war doch
schon wesentlich besser. Und als er an den Erdgeist dachte,
fügte er voller Schwung noch einen dritten hinzu:
»Neugier und Angst schließen einander aus.«
Nachdem er das Buch zugeschlagen hatte, saß Artur noch eine
Weile sinnend da. Die Fragen des Erdgeistes und das, was er
über innere Leere und persönliche Weiterentwicklung gesagt
hatte, gingen ihm nicht mehr aus dem Kopf.

Wachsamkeit

Puh, das war knapp!

A ls die Morgendämmerung aufzog, merkte Artur plötzlich, wie müde er war, und rollte sich unter einem halbwegs trockenen Grasbüschel zusammen. Sein Schlaf war tief und traumlos. Stunden später weckte ihn eine Mücke auf. Doch bevor sich Artur um sie oder um etwas anderes zum Fressen kümmerte, setzte er sich auf und fing an, sich ausgiebig zu putzen. Jeder Hamster, der etwas auf sich hielt, tat das nach dem Aufwachen als Erstes, und Artur bildete da keine Ausnahme.

Erst fuhr er sich mit den Pfoten mehrfach über die Schnauze, dann zog er seine wollenen Ärmchen von hinten über den Kopf nach vorne und zuletzt bearbeitete er sorgfältig seine Flanken. Ach, das fühlte sich doch gleich viel besser an! Nun konnte die nächste Nacht kommen!

Schnell hatte er etwas gefressen und schon war er wieder unterwegs. Jetzt konnte er die Hindernisse, die sich durch den Sturm ergeben hatten, auch schon besser einschätzen und er kam schneller voran.

Gerade wollte er vergnügt über zwei abgeknickte Ähren hüpfen – er mochte es, wenn diese ihn dabei leicht am Bauch kitzelten –, als er plötzlich über sich ein verdächtiges Rauschen hörte. Oh nein! Ein Raubvogel musste ihn erspäht haben!

Einen eigenen Bau, in den er sich verkriechen könnte, hatte Artur hier nicht. Instinktiv stürzte er sich kopfüber in das nächstgelegene Dickicht abgeknickter Halme, die sich schnell wieder hinter ihm schlossen. Dabei spürte er einen stechenden Schmerz in seiner rechten Hinterpfote; der Schnabel des Raubvogels hatte ihn dort gestreift.

Der Wachsame nimmt sein Umfeld wie auch sich selbst intensiv wahr.

Das war mehr als knapp gewesen! Zitternd hockte Artur in seinem notdürftigen Versteck. Es dauerte eine ganze Weile, bis sein Atem wieder ruhiger ging. Er setzte sich auf den Po und hob vorsichtig den rechten Fuß, um ihn zu inspizieren. Und stieß einen erleichterten Seufzer aus – der Fuß war zum Glück nicht ernsthaft verletzt.

Aber wie konnte er nur so leichtsinnig gewesen sein! Er wusste doch, dass die Raubvögel am frühen Abend besonders intensiv

Jagd auf Hamster machten. Statt wachsam zu sein, hatte er
nur auf den Boden geschaut und Spaß an den neuen Umständen gehabt.

Sein Angreifer würde nun noch eine ganze Weile über seinem
Versteck kreisen, um ihn sich zu schnappen, sobald Artur
wieder hervorkam. Aber da konnte der Raubvogel lange
warten. Nicht mit ihm!

Artur musste an eine Begebenheit denken, die schon etwas
länger zurücklag. Hella war mit den drei Junghamstern
Fridolin, Lisa und Artur unterwegs gewesen, um sie für das
Leben im Kornfeld zu wappnen. Sie lernten, welche Dinge
sie in ihre Backen stopfen konnten und wovon sie lieber die
Finger lassen sollten. Und sie sprachen über Gefahrensitua-
tionen.

Eindringlich hatte Hella ihnen eingeschärft, wie wichtig es
war, gut auf die Umgebung achtzugeben. Das sei, sagte sie,
das Rüstzeug jedes vernünftigen Hamsters.

»Die Vögel haben den Vorteil, dass sie über uns in der Luft
schweben. Und sie können blitzschnell herabstoßen. Deshalb
müssen wir stets wachsam sein.«

Als sie merkte, dass Lisa nicht genau wusste, was sie mit
diesem Ausdruck meinte, erklärte Hella: »Wachsamkeit ist
eine bestimmte Form der Aufmerksamkeit. Wer wachsam ist,
nimmt sein Umfeld wie auch sich selbst intensiv wahr.«

Lisa hatte für diese Erklärung dankbar genickt, und Hella war
fortgefahren: »Wenn du wachsam bist, erkennst du rechtzeitig
anstehende Gefahren oder Veränderungen.«

Der Wachsame erkennt rechtzeitig Veränderungen und Gefahren und ist anderen einen Schritt voraus.

»Das heißt«, hatte sich Fridolin schüchtern vergewissert, »wenn ich wachsam bin, kann ich auf die jeweilige Situation passend reagieren?«
»Genau!«, Hella war positiv überrascht gewesen. »Und mehr noch: Der Wachsame ist anderen einen Schritt voraus.«

Artur erinnerte sich an die Szene, als sei es gestern gewesen. Er lächelte und war dankbar für diese Erfahrungen mit seinen zwei Freunden und der liebenswürdigen Hella. Sorgfältig schrieb er die Lehren der alten Hamsterdame auf. Sie passten wirklich genau zu dem, was er vorhin erlebt hatte. Nachdenklich blickte er auf das Geschriebene. Diese Dinge wollte er von nun an auf seiner Expedition beherzigen. Vorsichtig pustete Artur die Tinte trocken und klappte das Büchlein zu.

Lebensmut

Unmut, Schwermut, Lebensmut

U nterdessen versuchten die anderen Hamster, auf ihre Weise mit den veränderten Umständen zurechtzukommen.

Maxi machte einfach weiter wie bisher. Da es in ihrem Umfeld keine Nahrung gab, die sie hamstern konnte, grub sie sich in ihrem Bau eine weitere Vorratskammer und verlagerte ihre Schätze dorthin. So war sie gut beschäftigt und hatte weiterhin einen Grund, sich die Backen zu füllen.

Liebevoll betrachtete sie jedes einzelne Korn und trauerte still ihrem Rekord hinterher. Dass es auch dieses Jahr wieder nicht geklappt hatte! Das Unwetter war zwar schlimm gewesen, aber ein verpasster Sammelrekord war ebenfalls schlimm! Auch wenn die anderen das nicht so recht verstehen wollten. So hatte Hella am frühen Abend zu ihr gesagt: »Kopf hoch, Maxi, es gibt im Leben noch andere Dinge.« Als ob so ein Satz helfen würde. Denn der Sinn eines Hamsterlebens war es doch, möglichst viele Vorräte zu sammeln! Wieso die Stammesälteste das nicht zu begreifen schien, war wiederum Maxi schleierhaft. Karl ärgerte sich über Arturs Alleingang und lief in einer Wolke aus Unmut durch die Gegend.

Lisa war hin- und hergerissen. Einerseits saß ihr der Schreck noch gehörig in den Knochen, andererseits hegte sie die stille Hoffnung, dass sie durch die fehlende Nahrung vielleicht etwas abnehmen würde. Wie oft hatte sie sich schon vorgenommen, weniger zu essen! Aber irgendwie wollte ihr das nicht gelingen, und wenn sie tagsüber aufwachte, dann stahl sie sich heimlich (wieso eigentlich heimlich, sie war doch allein in ihrem Bau?) in ihre Vorratskammer und knabberte ein paar kleine Nüsse.

Fridolin war in Schwermut verfallen. Er wusste abends nicht mehr, weshalb er überhaupt aufstehen sollte, und sprach mit den anderen kein Wort. Die einzige Aktivität, die er entfaltete, war, sich zu putzen. Hatte er sich irgendwann im Laufe der Nacht doch dazu aufgerappelt, seinen Bau zu verlassen, dann fuhr er sich mit Zunge und Pfoten über den gesamten Körper, und wenn er fertig war, fing er wieder von vorne an. Ganz struppig sah er inzwischen aus. Kurz: Fridolin hatte einen Waschtick entwickelt.

Hella wusste sehr wohl, dass die Situation ihren Kameraden viel abverlangte. Deshalb versammelte sie die anderen Hamster ein weiteres Mal um sich und versuchte, ihnen Mut zuzusprechen.

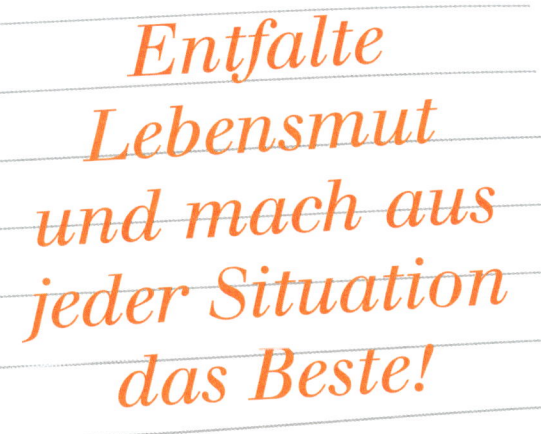

*Entfalte
Lebensmut
und mach aus
jeder Situation
das Beste!*

»In einer äußeren Krise wie dieser«, erklärte Hella, »kommt es sehr darauf an, wie man innerlich damit umgeht.« Sie blickte in vier fragende Gesichter.

»Der Hagelsturm war gewaltig, und wenn Artur den grünen Bergsee nicht findet, haben wir ein Problem – das stimmt. Doch wir sind nicht vollkommen hilflos. Und vor allem ist Nahrung bei all dem nicht das Hauptthema. Vielmehr stellt diese Krisensituation eine Herausforderung dar, die wir positiv nutzen können.«

Entschlossen reckte Hella die Schnauze. »Wir Hamster haben Lebensmut. Machen wir aus dieser Situation das Beste!«

Der Ausdruck, mit dem Karl sie ansah, hätte skeptischer nicht sein können. »Ha, du bist gut, sollen wir jetzt anfangen, auf den Pfützen zu windsurfen, oder was?«

Hella ignorierte den Einwurf. »Es geht in erster Linie nicht um das, was wir tun, sondern um unsere Einstellung.«

»Was für eine Stellung?«, fragte Fridolin, der gerade aus einer Art Trance aufzuwachen schien.

Hella blickte ihn kurz irritiert an, fuhr dann aber fort: »Lebensmut bedeutet, dem Leben fest ins Auge zu blicken und es aktiv zu gestalten. Anders gesagt: Neue Umstände verlangen eine neue Herangehensweise. Wir können nicht so weitermachen wie bisher. Wir müssen unsere Umgebung aus einem anderen Blickwinkel betrachten. Genau wie uns selbst.«

Sie machte eine kleine Pause.

Schweigend warteten die anderen Hamster darauf, dass Hella weitersprach. Lisa scharrte gedankenverloren mit ihrer Hinter-pfote im Boden.

»In jeder Krise steckt auch eine Chance. Wenn wir uns aus einem anderen Blickwinkel betrachten, können wir uns auf neue Weise kennenlernen. Wir entdecken neue Kräfte und Ressourcen in uns. Und dann können wir uns fragen: Welche Dinge sind neben dem Hamstern noch wichtig in unserem Leben?«

Wieder entstand eine Pause. In der Ferne erscholl der Ruf eines Käuzchens.

»Du meinst also, dass wir uns jetzt weniger mit dem Sammeln von Nahrung beschäftigen sollten als vielmehr mit uns selbst?«, fragte Karl vorsichtig nach. Man konnte förmlich sehen, wie es in seinem Gehirn arbeitete.

Genieße jeden Moment deines Lebens
in all seiner Fülle.

»Ja, genau!«, rief Hella. »Wenn wir den Blick nach innen richten, entdecken wir Fähigkeiten, von denen wir vorher noch nichts wussten. Und wenn wir uns selbst gut kennen, dann sind wir in der Lage, auch mit äußeren Herausforderungen gut klarzukommen. Diese Krise ist eine Chance. Wir können innerlich an ihr wachsen.«

Nun mischte sich auch Maxi ein. »Was für Fähigkeiten sind das, von denen du sprichst? Wie kann ich sie trainieren?«

Die resolute Hamsterdame überlegte bereits, wie sie diese Trainingseinheiten in ihrem ohnehin schon strammen Nachtprogramm unterbringen könnte.

»So einfach ist das leider nicht, Maxi«, gab Hella zurück.
»Jeder muss seine Stärken selbst herausfinden. Das ist keine
Frage des Trainings, sondern der Einsicht. Es ist ein Weg, der
Geduld und Mut verlangt. Aber eines kann ich euch doch
sagen: Mit unserem Lebensmut verfügen wir über eine positive Energie. Wir sind neugierig und lassen uns auf unbekannte Situationen ein. Der Blick nach vorn gibt neue Kraft.«
Bei diesen Worten blickte Fridolin, dessen Schnauze wieder
gen Boden gesunken war, etwas gequält auf. Im Mondlicht
stand sein Fell wie die Stacheln eines Igels nach allen Seiten ab.

Lebensmut bedeutet,
dem Leben fest ins Auge zu blicken
und es aktiv zu gestalten.

»Und ich will euch noch etwas verraten«, sagte Hella. »Wenn
ihr euch auf den jeweiligen Moment einlasst, dann könnt ihr
das Leben in all seiner Fülle genießen. Egal, ob es hagelt oder
ob die Sonne scheint.«
Bei ihren Kameraden hatte sich die Stimmung verändert, alle
wirkten etwas zuversichtlicher. Was Helga sagte, war unge-
wohnt und ein wenig verwirrend, bot aber zugleich unglaublich viel Hoffnung.
Wäre Artur dabei gewesen, hätte er Folgendes in sein Notizbuch geschrieben:
»Entfalte Lebensmut!
Mach aus jeder Situation das Beste.

Genieß jeden Moment deines Lebens in all seiner Fülle.«
In Karl, der schon immer eine philosophische Ader gehabt
hatte, überstürzten sich die Gedanken. Das hieß ja, dass man
seinem Schicksal nicht einfach ausgeliefert war, sondern dass
man es mitgestalten konnte! Allein dadurch, wie man sich
selbst und die Welt wahrnahm. Da taten sich ganz neue
Möglichkeiten auf! Doch vor allem ein Satz, den Hella ganz
am Schluss mit geheimnisvoller Mine gesagt hatte, ging ihm
nicht mehr aus dem Kopf: »Wir können im Leben auch
anderes sammeln als Nahrung.«

*Spielerisch
durchs
Leben
gehen*

Wer spielt, gewinnt

Erfreut hatte Artur festgestellt, dass in seinem Versteck ein Büschel Klee wuchs. Genüsslich verzehrte er ein Kleeblatt nach dem anderen, gönnte sich noch eine kleine Siesta und machte sich schließlich wieder auf den Weg.

Der Raubvogel hatte in der Zwischenzeit aufgegeben.

Seinem neuen Vorsatz getreu, bewegte sich Artur nun mit mehr Wachsamkeit. So kam er zwar nicht mehr ganz so schnell voran, aber irgendwann erreichte er doch den Rand des Feldes. Neugierig hob er den Kopf, spitzte die Ohren und schnupperte in alle Richtungen. Hier roch es ganz anders als in seiner Hamsterkolonie.

Doch die entscheidende Frage lautete: Wo war Norden? Es gab Hamster, die dies am Stand der Sterne ablesen konnten, aber Artur hatte leider früher nie aufgepasst, wenn Hella den Junghamstern davon erzählte. Ärgerlich. Aber das ließ sich nun nicht mehr ändern.

Er lief ein paarmal hin und her und irgendwann sagte ihm sein Bauchgefühl ziemlich deutlich, dass er sich am besten schräg links hielt.

Aus einem locker stehenden Gehölz wurde schnell dichterer Wald und Artur freute sich über die vielen Blätter, die überall auf dem Boden herumlagen. Die gab es bei ihnen zu Hause auf dem Feld nicht.

Herrlich, wie man sich in das Laub hineinwühlen konnte, das so viel luftiger war als Sand oder Ackerboden! Er hätte stundenlang darin herumtollen können, riss sich dann aber am Riemen und setzte seinen Weg fort.

Später hätte er nicht mehr sagen können, ob ihm erst die feuchte Luft oder das sanfte Rauschen aufgefallen war. Jedenfalls gelangte er bald darauf an einen Bachlauf. Vorsichtig tappte er hinab ans Ufer und trank in gierigen Zügen.

Erst jetzt merkte Artur, wie durstig er war. Seit einer gefühlten Ewigkeit hatte er nichts mehr getrunken. Denn dass er die Pfützen, die der unselige Hagelsturm zurückgelassen hatte, nicht anrührte, verstand sich von selbst.

Andererseits stellte der Bach auch ein Problem dar: Er versperrte Artur den Weg. Zunächst war Artur dem Bachlauf in beide Richtungen gefolgt, hatte jedoch bald gemerkt, dass ihn dies in die falschen Richtungen führen würde. Es half alles nichts: Er musste den Bach überqueren.

Bei diesem Gedanken stieg leise Panik in ihm hoch. Wenn sich sein Fell mit Wasser vollsog, würde er in kürzester Zeit untergehen. Und bei seinem Großonkel, der auf der Flucht vor einem Wiesel in einen Teich geplumpst war, hatte sich der Herzschlag dermaßen erhöht, dass er kurz darauf an Herzstillstand gestorben war. Kein schönes Ende. Artur lief es kalt den Rücken runter.

Umkehren? Nie und nimmer!

Ratlos tigerte Artur am Ufer auf und ab. Zu allem Überfluss pochte das Blut in seiner rechten Hinterpfote auf unangenehme Weise.

*Das Leben ist manchmal ernst,
aber niemals bierernst.*

Da erklang über ihm ein freches Zwitschern. Ein kleiner Vogel mit blauem Gefieder saß in einem Ahorn, hüpfte von einem Ast zum nächsten und blickte leicht spöttisch auf Artur herab. Erstaunt unterbrach Artur sein unruhiges Hin- und Herlaufen. Was für ein hübsches Kerlchen! Aber was erdreistete es sich, sich so offenkundig über ihn lustig zu machen?!

Ohne nachzudenken stürmte Artur auf den Baum zu und kletterte an der Rinde empor. Geschickt griffen seine Zehen in die raue Oberfläche und schon bald war Artur auf einem Querast angelangt. Als er sich nach dem Vogel umblickte, musste er allerdings feststellen, dass dieser bereits in einiger Entfernung davonflog …

Nach unten blickte Artur lieber nicht, er hatte keine Ahnung, ob er schwindelfrei war. Vorsichtig tastete er sich voran und merkte bald, dass der Ast in mehrere dünnere Zweige überging. Wie frisch hier oben die Blätter dufteten!

Im Nu hatte Artur vergessen, dass er mehrere Meter über dem Erdboden balancierte. Er spielte, er sei der erste Baumhamster auf der Welt, der sich in den Blätterkronen sein Reich errichtet hatte und mancherlei Gefahren bestand. Unterdessen schob er sich zunächst vorsichtig und dann immer zuversichtlicher weiter ins Dickicht der Zweige.

Was ihn besonders faszinierte, waren die Ahornsamen, die sich verheißungsvoll im Wind drehten. Eine Zeit lang beobachtete Artur diese bügelartigen Gebilde. Sie würden sicher eine feine Art von Schaukel abgeben!

Dann konnte er sich nicht länger beherrschen, er machte einen kleinen Satz und erwischte mit einem Arm den Stil des nächstgelegenen Ahornsamens.

Doch statt wie erwartet fröhlich inmitten der Zweige zu baumeln, löste sich der Samen vom Zweig und trudelte mitsamt Artur in die Tiefe hinab.

O weh! Artur schloss die Augen.

Er spürte ein Rauschen und sein Fell plusterte sich auf merkwürdige Weise auf.

Das war nun wohl das Ende, wie konnte er sich so verschätzt haben! Durch die Abwärtsbewegung wurde Artur flau im Magen. Was werden Hella und Karl und Lisa … ich muss doch den See finden … was wird aus meinem Buch … und alles nur wegen des Hagelsturms …

Geh spielerisch durchs Leben, dann fällt dir vieles leichter.

Noch vieles mehr schoss Artur durch den Kopf, während er auf den harten, endgültigen Aufprall wartete.

Doch der blieb aus.

Schließlich öffnete er vorsichtig die Augen.

Das war doch nicht möglich, dass es im Hamsterhimmel (oder war es die Hamsterhölle?) genau wie auf der Erde aussah?! Zaghaft wandte er den Kopf ... und stellte fest, dass er rücklings auf einem großen, weichen Blätterhaufen gelandet war und mit der linken Pfote noch immer den Ahornsamen umklammert hielt.

Der spielerische Hamster ist ein kreativer Hamster.

Er war also gar nicht tot? Etwas wackelig kam Artur auf alle viere und blickte verwirrt um sich.

Alles wirkte vertraut, aber auch ein bisschen anders. Wo war der Ahornstamm, den er hochgeklettert war? Und woher kam auf einmal der große Blätterhaufen?

Unschlüssig kratzte er sich mit der Pfote am Kopf.

Plötzlich fiel es ihm wie Schuppen von den Augen: Er war auf der anderen Seite des Baches! Der Ast des Ahorns, auf dem er entlanggelaufen war, reichte über den kleinen Wasserlauf hinweg, und der Ahornsamen hatte ihn wie ein Propeller sanft auf den Boden des anderen Ufers geleitet.

Erleichtert ließ sich Artur in den Blätterhaufen zurücksinken und blickte selig in den Himmel. Was für ein Geschenk!

Die Natur hatte ihm eine Brücke gebaut. Er konnte also doch weitermarschieren und den See in den Bergen suchen. Wie gut, dass er seine Kameraden nicht aufgrund eines so unrühmlichen Endes im Stich lassen würde!

Aber Halt! Grinsend holte Artur sein Notizbuch hervor. Das war doch alles nur passiert, weil er einfach seinem Spieltrieb gefolgt war. Wie wunderbar, dass man manchmal gar nicht an einer Lösung arbeiten musste, sondern dass sich diese ganz von alleine auftat, wenn man dem folgte, was einem Spaß machte!

Dieses Mal musste Artur nicht lange nachdenken, sondern schrieb ohne abzusetzen Folgendes in sein Büchlein:

»Geh spielerisch durchs Leben, dann fällt dir vieles leichter.

Das Leben ist manchmal ernst, aber niemals bierernst.

Der spielerische Hamster ist ein kreativer Hamster.«

Und Artur fand, dass er es sich nun verdient hatte, ausgiebig in dem Blätterhaufen zu spielen …

Vision

Ein wegweisendes Gespräch

Nachdem sich Artur schweren Herzens von seinem Blätterhaufen verabschiedet hatte, lief er weiter durch den Wald und fraß hin und wieder das, was er so fand.

Allerdings musste er bald feststellen, dass größere Mengen an Pilzen keine ideale Nahrung darstellten …

Es hatte einige unschöne Momente gegeben. Artur beschloss, sich in seinem Notizbuch darüber lieber auszuschweigen. Solche Dinge waren nichts für seine künftige Leserschaft.

Irgendwann musste er nicht mehr ganz so oft »austreten«, und er kam wieder gut voran.

Er lief. Und lief.

Artur war in eine Art Lauf-Trance geraten. Seine Beine flogen wie von alleine durch die Luft, er atmete heftig, aber

gleichmäßig und blickte kaum nach links und rechts. Der
Wald lag mittlerweile hinter ihm. Der Pflanzenwuchs war
wieder niedriger.

Doch irgendwann stutzte Artur: Irgendwie kam ihm die
Gegend bekannt vor. Die abgeknickten Halme, die kleinen
Pfützen, der matschige Boden …

Er hielt inne. Wie konnte das sein? Hinter dem Wald hatte
doch eigentlich ein Sumpfgebiet kommen sollen oder eine
Steinwüste. Jedenfalls kein Feld, das ihn an seine Heimat
erinnerte.

Ja, mehr noch … Als Artur seinen Oberkörper aufrichtete,
erspähte er in der Ferne einen Stein, der ihm verdächtig
bekannt vorkam. Zögerlich lief er auf den Stein zu.

»Artur!«

Er drehte sich um.

Von links kam Lisa auf ihn zugelaufen: »Da bist du ja wieder!
Hast du den See gefunden, wie sieht es dort aus? Toll, wie
schnell du das geschafft hast!«

Voller Begeisterung strahlte sie ihn an. Sie schien richtig stolz
auf Artur zu sein.

»Nun ja, also … ähm«, Artur wand sich. Es war ihm unglaublich peinlich. »Also, die Wahrheit ist … ähm, ich dachte, ich
sei noch auf dem Weg dahin. Ich meine, ich wollte noch gar
nicht wieder zurück sein. Aber ich bin wohl im Kreis gelaufen.
Und so bin ich plötzlich wieder hierher geraten.«

Beschämt blickte Artur zu Boden. Dass ausgerechnet die
hübsche Lisa auf diese Weise mitbekommen musste, dass er
versagt hatte! Er traute sich gar nicht, sie anzuschauen, dabei

hatte er den Eindruck, dass sie heute ganz besonders bezaubernd aussah.

»Oh, das kann ich gut verstehen«, sagte Lisa mitfühlend. »Ich finde es auch immer wahnsinnig schwierig, mich zu orientieren. Und dabei bin ich noch nie so weit gelaufen wie du.«

Bevor sie weitersprechen konnte, tauchte Karl auf. Und gleich neben ihm Hella.

»Artur!«, riefen beide wie aus einem Munde. Sie waren erstaunt, denn anders als Lisa war ihnen gleich klar, dass Artur noch gar nicht vom See in den Bergen zurück sein konnte.

»Was ist passiert?«

In knappen Worten erstattete Artur Bericht. Dann entschuldigte er sich wortreich dafür, dass er sich verlaufen hatte, bevor er schloss: »Aber ich werde den See noch finden!«

»Du hast einiges hinter dir. Nun ruh dich erst mal aus, friss etwas, und danach sprechen wir beide miteinander«, sagte Hella und klopfte Artur dabei fürsorglich auf die Schulter. Kleinlaut blickte dieser die Clanchefin an und nickte, bevor er sich in seinen Bau zurückzog und ein paar Stunden schlief.

Maxi und Karl wären zu gern bei dem Gespräch dabei gewesen, aber Hella gab ihnen zu verstehen, dass sie lieber alleine mit Artur sprechen wollte.

Bevor Hella anfing zu sprechen, blickte sie Artur einen Moment lang schweigend an. »Dieser Schlenker zu uns zurück wäre vermeidbar gewesen«, sagte sie. »Wenn du nicht wie ein Wahnsinniger losgestürmt wärst, hätte ich dir noch ein paar wichtige Dinge mit auf den Weg geben können.«

Als sie Arturs gequälten Blick sah, sprach Hella etwas sanfter weiter. »Aber Ungeduld scheint bei euch in der Familie zu liegen, deine Mutter war ebenfalls ein großer Hitzkopf.«

»Es tut mir wirklich leid, Hella. Ich war mir so sicher, dass ich den See auch so finden würde. Gibst du mir noch eine Chance?«

Hella sah ihn prüfend an.

»Bitte!«, flehte Artur.

»Also gut. Aber nur unter einer Bedingung.«

Artur schwieg erwartungsvoll.

»Du hörst mir jetzt sehr genau zu.«

Artur nickte ernst.

»Was du vorhast, Artur, hat vor dir noch kaum ein Hamster vollbracht. Wir sind zwar ein umtriebiges Völkchen, aber in der Regel leben wir in dem gleichen Gebiet wie unsere Vorfahren. Wir hamstern, bekommen Nachwuchs und buddeln uns neue Höhlen. So wie du ins vollkommen Ungewisse aufzubrechen – das haben bisher nur sehr wenige von uns gewagt.« Sie blickte ihn wohlwollend an und Artur wurde etwas leichter ums Herz.

»Aber gerade deshalb musst du dir klarmachen, dass die Herausforderungen ganz andere sind als bei dem, was wir Hamster normalerweise tun. Du suchst nun keine Nahrung, sondern einen Ort. Im Grunde genommen suchst du unsere Zukunft. Und die kann man nicht mit den Pfoten anfassen. Die Zukunft ist etwas Immaterielles. Und entsprechend immateriell sind die Probleme und Lösungen, mit denen du es auf deiner Expedition zu tun bekommst.«

Entfalte eine Vision, dann findest du dein Ziel und die Kraft durchzuhalten.

Arturs Ohren waren maximal gespitzt. Vor lauter Konzentration vergaß er fast zu atmen.

»Wer ein großes Vorhaben verwirklichen möchte, braucht eine Vision.«

»Was genau ist eine Vision?«, warf Artur vorsichtig ein.

»Eine Vision ist eine Vorstellung von dem, was du erreichen möchtest. Es ist ein inneres Bild, das dir hilft, ein Ziel zu entwickeln und dieses Ziel zu erreichen. Je genauer diese Vorstellung ist, desto besser.«

»Warte bitte einen kurzen Moment«, sagte Artur und fischte sein Notizbuch hervor, »das möchte ich mir aufschreiben.«

»Sehr gut«, sagte Hella anerkennend und diktierte Artur folgenden Satz: »Entfalte eine Vision, dann findest du dein Ziel.«

Schweigend blickte Artur einen Moment auf das Geschriebene, bevor er den Kopf hob und Hella weitersprach.

»Weil dein Ziel nicht etwas ist, das nach kurzer Zeit direkt vor deiner Nase auftaucht (wie zum Beispiel Körner oder Insekten), kann es vorkommen, dass du dein Ziel aus den Augen verlierst. Bei vielen großen Vorhaben ist das der Grund, weshalb sie scheitern.«

Betroffen hörte Artur zu.

»Eine Vision jedoch verbindet dich langfristig mit dem Sinn deines Tuns. Gerade weil sie etwas ist, das du aus eigenem, innerem Antrieb entwickelt hast, gibt sie dir die Kraft durchzuhalten.«

Artur hob kurz die Pfote, um Hella zu verstehen zu geben, dass er wieder etwas aufschreiben wollte: »Eine Vision stiftet Sinn und gibt dir Kraft durchzuhalten.«

»Deshalb ist auch Folgendes richtig«, ergänzte Hella:

»In schwierigen Situationen ist eine Vision ein verlässlicher Kompass.«

Artur notierte sich auch diesen Satz. Nun, da er etwas häufiger Dinge in sein Notizbuch schrieb, war seine Schrift auch nicht mehr ganz so krakelig wie zuvor.

»Das ist großartig, Hella. Woher weißt du das alles?«

Die alte Hamsterdame musste lächeln. »Nun, aus irgendeinem Grund lebe ich wesentlich länger als die meisten Hamster. Ich habe schon manches erlebt und hatte Zeit, um nachzudenken und mir einen Reim darauf zu machen.«

Artur merkte, dass sein Stift kleckste und seine Pfote voller Tinte war. Unauffällig versuchte er, sie an seinem Fell abzuwischen.

»Weißt du denn«, fragte Hella in dem Moment, »an welchem Punkt bei dir etwas schiefgelaufen ist?«

Artur kratzte sich mit der sauberen Pfote am Kopf. »Hm, ich weiß nicht so recht. Im Wald gab es plötzlich diesen Bach. Aber den habe ich ja überwunden … Und der Wald war doch noch richtig, von dem hattest du doch gesprochen, oder?«

»Ganz genau. Mir scheint, dass das Problem bei dir nach dem Wald kam. Erinnerst du dich noch an die Strecke danach?«

Artur wollte schon antworten, da merkte er, dass diesbezüglich in seinem Kopf eine gewisse Leere herrschte. »Ehrlich gesagt, nein, an den Teil des Weges kann ich mich irgendwie nicht mehr so richtig erinnern.«

»Wieso nicht?«

»Ich war in einer Art Lauf-Trance«, antwortete Artur, »ein herrliches Gefühl.«

Er wartete auf Hellas Reaktion, aber sie schwieg. Und sah ihn bedeutungsvoll an.

»Was ist denn?«, fragte Artur schließlich leicht verunsichert.

»Nun, eine Trance hat nicht gerade viel mit Wachsamkeit zu tun; dabei hattest du dir das doch für deinen Weg vorgenommen, oder? Und sie hat auch nicht viel mit einer Vision zu tun.«

Artur ahnte, dass Hella einen Punkt hatte, doch ganz klar war ihm dieser noch nicht. »Mag ja sein, aber nie läuft man so geschwind wie in einer Trance. Ich bin unglaublich schnell vorangekommen.«

Statt Anerkennung kam von Hella nur die trockene Frage:

»Tja, und wo bist du hingelangt?«

Artur zögerte kurz: »Hierher.«

»Und wolltest du hierher?«

»Eigentlich nicht.«

»Hat dir das schnelle Laufen somit etwas gebracht?«

»Eigentlich nicht«, wiederholte Artur kleinlaut.

»Es geht also gar nicht um Schnelligkeit?«, hakte Hella nach.

»Nein.«

»Worum geht es dann?«

Abermals zögerte Artur kurz, er wollte jetzt bloß nichts Falsches sagen.

»Darum, meiner Vision zu folgen und einen neuen Ort zu finden. Unsere Zukunft.«

»Richtig«, nickte Hella zufrieden. »Das ist das Wichtigste.«

Eine Vision stiftet Sinn.

Die Morgendämmerung kündigte sich an und Artur, der es nicht gewohnt war, so lange still zu sitzen und über so ernsthafte Dinge zu sprechen, begann unauffällig, seine Hinterpfoten etwas auszuschütteln.

Natürlich bemerkte Hella seine Unruhe.

»Drei Dinge noch, Artur. Sie werden dir dabei helfen, dein Ziel zu erreichen:

Habe Lebensmut.

Achte auf deine Kräfte.

Sei stets achtsam und präsent.

Wenn du diese Dinge beherzigst, dann bin ich mir ganz sicher, dass du den magischen See in den Bergen finden wirst. Und nun schlaf dich gut aus; du wirst in der kommenden Nacht wieder alle deine Kräfte brauchen.«

Einfallsreichtum

Klein, aber oho!

rtur brach am frühen Abend auf, bevor die anderen Hamster aufgestanden waren. Zwar hätte er noch zu gern ein paar Worte mit Lisa gewechselt, doch er wollte das Gespräch mit Hella ganz unmittelbar in seinem Herzen bewahren. Ihre Worte würden ihm Kraft geben.

In seinem Inneren herrschte eine Mischung aus Demut und Entschlossenheit. Nach seiner ungeplanten »Ehrenrunde« in die Kolonie und dem Gespräch mit der Stammesältesten war ihm die Bedeutung seiner Aufgabe erst so richtig bewusst geworden. Hatte zuvor seine Abenteuerlust überwogen, so stand ihm nun die Verantwortung, die er für seine Gefährten übernommen hatte, deutlich vor Augen. Dieses Mal würde er den See entdecken!

Die Luft war frisch und trug bereits die ersten Vorboten des Herbstes in sich.

Hella hatte ihm noch ein paar Tipps gegeben, welche Route er durch den Wald nehmen sollte, und Artur hatte sehr genau zugehört. So gelangte er an eine Stelle, wo der Bach zu einem kleinen Rinnsal geworden war und er über einen herabgefallenen Ast wie über eine Brücke hinüberspazieren konnte.

Nur bei der Frage, was nach dem Wald käme, hatte sie nach wie vor nichts Näheres gewusst. Da würde Artur ganz auf sich selbst gestellt sein.

Das Mondlicht schien durch die Zweige und bildete auf dem Waldboden ein bizarres Muster.

Irgendwann wurde es über ihm etwas heller. Die Bäume lichteten sich, der Waldrand schien nicht mehr allzu weit entfernt zu sein. Artur verlangsamte sein Tempo. Was sollte er als Nächstes tun?

Wer wagt, gewinnt!

Er hockte sich unter einen üppigen Blaubeerbusch und besann sich auf das, was Hella über die Vision gesagt hatte. Wo wollte er hin, was war sein Ziel? Er schloss die Augen und verband sich innerlich mit dem See in den Bergen. Allmählich gewann sein inneres Bild an Kontur.

Er sah einen See, dessen grüne Oberfläche sich sanft kräuselte. An dem einen Ufer wuchs das Schilf hoch, während auf der anderen Seite eine saftige Wiese direkt bis ans Wasser reichte. Und ein Vogel kreiste in der Luft, aber es war kein Raubvogel, sondern eine Amsel, die auf einem Busch landete

und fröhlich zu pfeifen begann. Welch Frieden! Artur wurde
ganz warm ums Herz, seine Entschlossenheit wuchs. So sah
sein Ziel aus!

Als er die Augen wieder aufschlug, erblickte er ungefähr zwan-
zig Meter vor sich einen Hirsch. Ein beeindruckendes Tier.
Wie majestätisch sich sein Geweih im Mondlicht abzeichnete!
Ehrfürchtig beobachtete Artur den Hirsch, der gemächlich auf
einer Lichtung äste.
Artur überlegte eine Weile hin und her. Ob er den Hirsch
nach dem Weg fragen konnte? Immerhin wirkte dieser
tausendmal größer als er selbst.
Schließlich sagte er zu sich selbst: »Von nichts kommt nichts«
und »Wer wagt, gewinnt« und lief auf den Hirsch zu. Obwohl
ihm ein wenig mulmig zumute war, bemühte er sich, so ent-
schlossen wie möglich aufzutreten.
»Guten Tag, lieber Hirsch, kannst du mir helfen?«
Der Hirsch kaute etwas langsamer und blickte Artur direkt an.
»Kannst du mir sagen, wie ich zu den Bergen mit dem grünen
See komme?«
In den Augen des Hirsches blitzte etwas auf. Er schien zu
wissen, wovon Artur sprach.
Artur sah den Hirsch erwartungsvoll an.
Doch der Hirsch erwiderte bloß: »Ein See in den Bergen?
Keine Ahnung. Und wieso sollte ich einem Zwerg wie dir
weiterhelfen?«
Arturs Herz sank. Eine innere Stimme sagte ihm, dass Bitten
und Betteln bei diesem hochmütigen Hirsch nichts ausrichten

würden. Es musste eine andere Möglichkeit geben, dem Hirsch sein Wissen zu entlocken.

Artur beschloss, alles auf eine Karte zu setzen.

Wie zu sich selbst, aber so, dass der Hirsch es noch hören konnte, murmelte er: »Der Adler hatte also doch recht ...«

Der Kopf des Hirsches schoss hoch: »Was hast du da gesagt?«

»Nichts, gar nichts. Ich habe wohl laut gedacht.«

»Raus mit der Sprache«, drohte ihm der Hirsch, »wenn du mir nicht sofort sagst, was du eben gemurmelt hast, spieße ich dich mit meinem Geweih auf, schleudere dich über die Lichtung und zermalme dich dann mit meinen Hufen!«

Er schaute dabei so grimmig drein, dass Artur wusste: Der Hirsch meinte es ernst. Seine Beine fingen an zu schlottern.

»Ich sagte«, wiederholte er verzagt, »dass der Adler also doch recht hatte.«

»Womit soll der Adler recht gehabt haben? Was hat er gesagt?« Der Hirsch war einen Schritt auf Artur zugegangen.

»Ich habe gestern mit angehört, wie ein Adler und eine Eule darüber diskutierten, wer der Herrscher des Waldes sei.«

Artur schluckte mühsam. Seine Finte kam ihm nun selbst etwas abenteuerlich vor, und das Geweih des Hirsches war ihm bedrohlich nahegekommen. »Die Eule sagte, dass der Hirsch der natürliche König des Waldes sei, aber der Adler widersprach ...«

»Wieso? Was meinte der Adler?«, fuhr der Hirsch dazwischen.

»Er ... er sagte«, stotterte Artur, »dass Hirsche im Grunde

Einfallsreichtum
ist wichtiger
als Körpergröße
und Kraft.

ängstlich sind und sie auch kein gutes Gedächtnis haben. Deshalb sind sie dazu verdammt, immer im gleichen Revier zu bleiben.«

»Ich will dir sagen, weshalb ich im Wald bin und nicht etwa in den Bergen oder an deinem grünen See oder auf den Bäumen oder unter Wasser«, donnerte der Hirsch. »Für jedes Tier gibt es eine Landschaft, in der es gut leben kann. Wer das geeignete Gebiet einmal gefunden hat, der tut gut daran«, hier überschlug sich die Stimme des Hirsches, »ja, es ist geradezu ein Zeichen seiner Klugheit, wenn er sich vor allem in der Gegend aufhält, die ihm besonders zuträglich ist.« Triumphierend blickte er Artur an, der sich bemühte, den Hirsch nun nicht weiter zu provozieren.

»Vögel haben gut reden, die schweben in der Luft und im Zweifelsfall können sie schnell ein anderes Revier aufsuchen. Aber wir Wildtiere, wir müssen andere Dinge in Erwägung ziehen und uns bedächtiger verhalten. Nehmen wir den von dir erwähnten See in den Bergen: Ein Adler fliegt einfach dorthin und sichtet von oben das Terrain. Wir Hirsche jedoch müssen auf dem Weg dorthin ein schwieriges Terrain bewältigen.«

Artur spitzte die Ohren.

»Siehst du die große Eiche dort auf dem Feld?«, der Hirsch wies mit seinem Geweih hinter sich.

Artur nickte.

»Bis dorthin ist der Weg für uns Hirsche ein Kinderspiel. Aber dann … dann wird es schwierig. Man muss sich dann nach rechts wenden und gelangt bald an ein großes Geröllfeld.«

Als er Arturs fragenden Blick bemerkte, erklärte der Hirsch genervt über so viel Unwissen: »Spitze Steine sind für uns das Schlimmste! Sie bohren sich in unsere Hufe und erschweren uns das Fortkommen. Und selbst wenn man es durch das Geröll geschafft hat, kommt als Nächstes ein Sumpf, und der ist auch tückisch.«

Du musst nicht viel darstellen, um im Leben weiterzukommen.

»Aber wieso – das ist doch eine weiche Oberfläche. Wenn die Steine zu spitz waren, dann müsste ein Sumpf für euch Hirsche doch einen angenehmen Untergrund abgeben?«, wagte Artur nachzufragen.

»Das denkst du!«, gab der Hirsch zurück. »Zunächst mag sich das angenehm anfühlen, aber der Boden trägt uns nicht. Mit unseren schweren Körpern sinken wir so tief ein, dass wir irgendwann nicht wieder herauskommen.« Gequält blickte der Hirsch in Richtung der großen Eiche, hinter der sich in weiter Ferne der Sumpf befand.

»Oh, das klingt tatsächlich fürchterlich«, sagte Artur. »Aber wenn du erst einmal den Sumpf überstanden hast, dann müsste es für dich als großen, starken Hirsch doch ein Leichtes sein, zum See in den Bergen zu kommen?« Er hielt den Atem an und hoffte, dass sein Gegenüber bei dieser Schmeichelei nicht misstrauisch wurde.

Doch wegen all der vorgestellten Übel dachte der Hirsch

nicht mehr an den Anfang ihres Gesprächs. Er lachte bitter auf: »Tjaha, dann wäre es ein Leichtes! Dann würde man gemütlich über die sanft ansteigenden Wiesen spazieren, zwischendurch noch eine kleine Schlucht passieren – dort soll es wunderbar knackige Sträucher geben, die besonders gut schmecken –, bevor ein letzter steiler Hang zu einem Pass führt, der den Weg zum Tal mit dem Bergsee freigibt …«

Unterschätze niemals einen Hamster!

Die letzten Sätze hatte der Hirsch versonnen gesprochen.
Er schien Arturs Gegenwart vergessen zu haben und senkte nachdenklich den Kopf, um weiter zu grasen.
Artur wagte kaum zu atmen. Der Hirsch hatte ihm tatsächlich alles, was er wissen wollte, verraten! Gerade wollte sich Artur behutsam zum Gehen wenden, da schoss der Kopf des Hirsches in seine Richtung: »Was zum Teufel willst du denn …?«
Artur setzte eine betont unschuldige Mine auf, doch dem Hirsch dämmerte, was gerade geschehen war.
»Du miese kleine Ratte …«
»Hamster!«, protestierte Artur noch, bevor er dem Stoßen des Hirschgeweihs auswich und sich in ein piksiges Gestrüpp flüchtete.
»Uuuuuaaaaaaarghhhhh«, der Hirsch machte seiner geballten Frustration Luft, doch Artur hörte das Röhren bereits aus einiger Entfernung.

Nach einer Weile legte er eine Pause ein und zückte sein
Notizbuch. In Druckbuchstaben schrieb Artur auf:
»Wald. Große Eiche. Dahinter nach rechts. Großes Geröllfeld.
Sumpf. Sanft ansteigende Wiesen. Schlucht. Steiler Hang.
Pass. Grüner See.«
Streng durchforstete Artur nochmals sein Gedächtnis danach,
ob er auch wirklich nichts vergessen hatte. Nein, das war alles.
Uffz. Erst jetzt merkte Artur, dass er ganz schön müde war.
Dabei hatte er die Strecke durch den Wald eigentlich als ange-
nehm empfunden. Aber irgendwie war die Begegnung mit
dem Hirsch ziemlich anstrengend gewesen.
Und dann … ganz allmählich machte sich in seinem Bauch
ein Gefühl der Zufriedenheit breit. Ein Lächeln stahl sich auf
sein Gesicht. Der große stolze Hirsch war ihm, dem so viel
schwächeren Hamster, auf den Leim gegangen!
Artur brach in ein vergnügtes Lachen aus.
Dann schnappte er sich nochmals sein Notizbuch und schrieb
hinein:
»Einfallsreichtum ist wichtiger als Körpergröße und Kraft.
Klein, aber oho! Unterschätze niemals einen Hamster. Man
muss nicht viel darstellen, um im Leben weiterzukommen.«

Alleinseinkönnen

Die Entdeckung des Alleinseins

W ährend Artur weiter in die Richtung der Eiche lief, musste er an seinen Freund Fridolin denken. Wie es ihm wohl gerade ging? Sicher nahm ihn die Sache mit dem Hagelsturm ganz schön mit.

Fridolin war schon immer sehr sensibel gewesen. Sie waren am gleichen Tag geboren worden, aber Fridolin und er hätten unterschiedlicher nicht sein können. Vielleicht waren sie gerade deshalb so gut miteinander befreundet?

Während Artur von klein auf ein Draufgänger gewesen war, war Fridolin eher schreckhaft. Er war nicht gerade der Typ, mit dem man Jagd auf Heuschrecken machte, aber Artur wusste, dass er sich hundertprozentig auf Fridolin verlassen konnte. Und das war viel wert. Außerdem hatte ihn Fridolin mit seiner feinfühligen Art immer in seinem Wunsch bestärkt, Schriftsteller zu werden.

Ja, je länger Artur darüber nachdachte, desto klarer wurde ihm, dass Fridolins Rückhalt für ihn enorm wichtig war. Das Vertrauen seines Freundes hatte Artur stets Kraft und Selbstbewusstsein gegeben.

Ach, wie schön wäre es, jetzt mit Fridolin auf einem Stein zu sitzen und ein wenig zu plaudern! Immerhin hatte er nun die Chance, dem Vertrauen, das Fridolin immer in ihn gesetzt hatte, gerecht zu werden.

Entschlossen marschierte Artur weiter.

Alleinsein ist eine Kunst, die du kultivieren kannst.

Die Eiche zu finden war nicht schwer. Zwar hatte Artur das Gespräch mit dem Hirsch noch gut im Gedächtnis, aber er wollte kein Risiko eingehen und setzte sich für einen Moment zwischen die Wurzeln des herrlichen Baumes und schlug sein Büchlein auf.

Erfreut stellte er dabei fest, dass darin schon eine ganze Menge Seiten gefüllt waren. Wenn er wieder zu Hause wäre, würde er sich in aller Ruhe hinsetzen und ein richtiges Buch schreiben. Aber jetzt suchte er … da, er hatte es noch richtig gewusst: Hinter der Eiche musste er sich etwas rechts halten. Bevor er sein Heft wieder verstaute, malte er noch einen schönen Eichenbaum an den Rand der aufgeschlagenen Seite.

Er hüpfte über die dicken Wurzeln der Eiche hinweg und lief mit seinen kurzen Beinchen frohgemut weiter.

Das Gras wich allmählich einem sandigen Boden und dann wurde es immer steiniger.

Artur lief.

Und lief.

Aber diesmal achtete er darauf, dass er nicht wieder in eine Trance geriet.

Entsprechend nahm er rechtzeitig den Geruch eines Wiesels wahr und suchte geschwind ein Erdloch auf. Ohne in sein Buch schauen zu müssen, murmelte er leise vor sich hin: »Wenn du wachsam bist, erkennst du rechtzeitig anstehende Gefahren oder Veränderungen.«

Nach einer Weile schien die Luft wieder rein zu sein.

Beim Weiterlaufen merkte Artur erstmals, wie karg diese Landschaft war. Vor allem fand er die Gegend enorm eintönig. Alles war immerzu grau oder in irgendwelchen anderen langweiligen Farben gehalten! Weder wiegten sich zartgrüne Gräser im Wind noch blühten gelbe Blumen noch duftete es nach feuchtem Laub.

Und auch der Himmel hatte nicht jenes tiefe Nachtblau, das er so sehr liebte, sondern war von Wolken verhangen, sodass sich auch über ihm eine Art Nichtfarbe ausbreitete.

Alles ganz schön trist, fand Artur.

Verstimmt rannte er weiter. Er hatte den Eindruck, dass ihn die Abwesenheit jeglicher sinnlicher Reize auf ungute Art einlullte.

Und je länger er lief, desto unwohler fühlte er sich.

Irgendwann war Artur ganz mau.

Er hielt an und fraß lustlos ein paar Körner, die er aus seinen Backen hervorholte. Eine bleierne Müdigkeit erfasste ihn. Mutlos sackte sein Kopf nach unten.

Diese Steinwüste war ja endlos. Er würde nie zu dem Sumpf gelangen.

Auf einmal kam ihm der Gedanke: Vielleicht hatte er sich auch geirrt! Vielleicht hatte der Hirsch sein Vorhaben durchschaut und ihn mit Absicht in diese Einöde geschickt ... eine entsetzliche Vorstellung.

Artur war zu einem Häuflein Elend zusammengeschrumpft.

Was tat er hier eigentlich? Was hatte er in dieser Steinwüste verloren? Wozu diese ganze Unternehmung?

Zu Hause war er eigentlich immer ganz froh gewesen, dass er einen eigenen Bau hatte, in dem er es sich gemütlich machen konnte, aber so lange allein unterwegs zu sein war dann doch etwas anderes.

Ihm war plötzlich, als trennte ihn ein tiefer Abgrund von der Welt.

Nun musste Artur nicht nur an Fridolin denken, sondern er sehnte sich auch nach den anderen Hamstern. Wie gern würde er Maxi dabei zusehen, wie sie ihre Backen füllte, und wie schön wäre es, mit Karl über irgendeine Sache zu diskutieren! Und am meisten musste er an Lisa mit ihrem glänzenden Fell und den hübschen Ohren denken.

Weiterzulaufen erschien ihm in diesem Zustand unmöglich.

So hatte er sich noch nie gefühlt.

Gelingendes Alleinsein bedeutet innere Unabhängigkeit.

Er würde es nie zu dem verheißungsvollen Bergsee schaffen.
Alles Bisherige – die Strecken, die er schon zurückgelegt hatte,
das Gespräch mit dem Erdgeist, die Lektion von Hella, sein
Flug mit dem Ahornpropeller, die Begegnung mit dem
Hirsch – all das war wohl umsonst gewesen.
Es war zum Verzweifeln!

*Im Alleinsein stärkst du deine Intuition
und deine inneren Kräfte.*

Und dabei trug er doch die Verantwortung für den Fort-
bestand ihrer kleinen Kolonie! Wie hatte es Hella noch for-
muliert? Ach ja, sie hatte gesagt, Arturs Aufgabe sei es, die
Zukunft der Kolonie zu suchen. Er war darauf so stolz
gewesen.
Doch davon war er nun meilenweit entfernt. Er fühlte sich
wie ein Sandkorn inmitten der Wüste: winzig, ohne Halt und
unendlich verloren.
Eine entsetzliche Einsamkeit überkam ihn.
Er war ein Nichts, um ihn war nichts, und das Nichts
umschloss und überwältigte ihn.
Es gab kein Voran, kein Zurück und keinerlei Hoffnung.
Nur diese unendliche Einsamkeit.
In diesem Taumel der Verzweiflung kam ihm wie aus weiter
Ferne ein Satz in den Sinn, den er Karl einmal hatte sagen
hören, aber den er bislang nie verstanden hatte: »Einsamkeit
ist schwerer zu verkraften als der Tod.«

Als der Morgen dämmerte, fiel Artur in einen unruhigen Schlaf.

Er träumte, dass er in einer weißen Schneelandschaft unterwegs war, die sich ins Unermessliche dehnte. Um ihn herum war nichts. Er lief und lief.

Hin und wieder meinte er, in der Entfernung andere Hamster zu sehen, aber wenn er auf sie zulief, verschwanden sie plötzlich wieder.

Das geschah mehrmals, und irgendwann hielt Artur im Traum verzweifelt inne und rief: »Wo seid ihr?«

Ein unheimliches Geräusch erscholl und aus dem Nichts ertönte eine Stimme: »Allein zu sein ist etwas anderes als einsam zu sein.«

So eine Stimme hatte Artur noch nie gehört. »Wer spricht da? Und wo sind die anderen Hamster?«, rief Artur erschrocken in die Dunkelheit.

»Im Alleinsein stärkst du deine Intuition und deine inneren Kräfte«, kam es zurück.

Artur war immer noch eingeschüchtert, zugleich spürte er im Traum eine gewisse Entschlossenheit. Er drehte sich zu der Richtung um, aus der die Stimme gekommen war, und rief: »Nun sag schon! Wo sind die anderen?«

Abermals erhielt er keine Antwort, sondern die Stimme säuselte bloß: »Wer gut mit sich allein sein kann, ist anderen ein guter Partner.«

Dann erscholl wieder das unheimliche Geräusch und anschließend blieb es still. Artur lauschte noch eine ganze Weile, aber es geschah nichts weiter. Nach einer Zeit setzte

Artur dann seinen Weg durch die kalte weiße Schneelandschaft fort ...

Es dauerte eine ganze Zeit, bis Artur am nächsten Abend
richtig wach wurde. Seine Glieder waren schwer und ihm
war noch immer bang zumute.
Allmählich erinnerte er sich an seinen Traum.
Was für eine kalte, trostlose Landschaft! Der Schnee hatte
noch karger gewirkt als die Steine um ihn herum. Misstrauisch hob Artur den Kopf und beäugte seine Umgebung.
Und dann diese merkwürdige Stimme! Sie hatte vom Alleinsein gesprochen ...
Er wollte gerade anfangen sich zu putzen, aber die Stimme
ging ihm nicht aus dem Kopf.
Auch nicht die Gefühle, die er im Traum gehabt hatte.
Anfangs war er ganz verzweifelt darüber gewesen, dass die
anderen Hamster immer wieder verschwanden. Aber nachdem
die Stimme erklungen war, hatte er sich gestärkt gefühlt.
Einsamkeit ... Alleinsein ... Gab es denn da einen Unter-
schied? Bisher hatte Artur nie darüber nachgedacht. Aber vielleicht ... ja, vielleicht könnte man ihn so fassen:
Wer einsam ist, ist mutterseelenallein und auch gefühlsmäßig
von anderen getrennt. Er fühlt sich verlassen, weil er keine
Bindung zu seinen Artgenossen spürt, die ihm inneren Halt
geben kann. Deshalb leidet er.
Wer hingegen allein ist, hat vielleicht momentan keine Gesell-
schaft, aber er ist innerlich durchaus auf andere bezogen.
Es gibt andere Wesen, mit denen er sich verbunden fühlt und

für die er selbst ebenfalls wichtig ist. Mit anderen Worten: Sie sind, auch wenn er sich irgendwo alleine befindet, innerlich bei ihm. Deshalb ist das Alleinsein im Grunde gar nicht schlimm.

Wer gut mit sich allein sein kann, ist anderen ein guter Partner.

Artur war über sich selbst erstaunt. Fast kam er sich vor wie Karl, der es liebte, über irgendwelche Dinge zu philosophieren. Das war alles sehr neu und aufregend.

Und was er da soeben gedacht hatte, traf tatsächlich auf ihn selbst zu!

Er war zwar gerade allein unterwegs, aber er hatte fünf Kameraden, die auf ihn zählten und die ihm am Herzen lagen. Sie waren im Moment nicht physisch anwesend, aber innerlich fühlte er sich ihnen sehr verbunden. Und deshalb war er gar nicht allein, im Sinne von einsam.

Dieser Gedanke stimmte Artur froh und er merkte, wie die Energie in seinen Körper zurückströmte.

Der Traum und das Nachdenken darüber hatten ihm eine neue Klarheit gegeben. Er hatte ein Ziel und er würde all seine Kraft darauf verwenden, es zu erreichen!

Artur schlug sein Buch auf.

Früher wäre er nie auf die Idee gekommen, einen Traum aufzuschreiben. Aber seit er sich auf den Weg gemacht hatte, war ja vieles anders.

Als Erstes schilderte er die Schneelandschaft und das Gefühl
von Verlorenheit, das er zu Beginn seines Traums empfunden
hatte. Dabei stellte er fest, dass es viel schwieriger war, über
ein Gefühl zu schreiben als über eine Landschaft. Für Letztere
gab es beschreibende Begriffe, bei denen andere sofort wüss-
ten, was er meinte. Aber Gefühle? Die waren sehr schwer zu
fassen zu kriegen. Erst musste er genau in sich hineinspüren
und dann musste er für das, was er dort entdeckte, einen
passenden Ausdruck finden. Doch irgendwann war Artur
damit ganz zufrieden und notierte sich anschließend sorgfältig jene Dinge, die die Stimme ihm mitgeteilt hatte.

Alleinsein ist nicht das Gleiche wie Einsamkeit.

Nachdenklich kaute Artur auf seinem Stift herum. Was folgte
aus den Botschaften der Stimme? Was war ihr eigentlicher
Sinn, was bedeuteten sie konkret für sein Leben?
Statt wie sonst auf den zwei Hinterbeinen zu hocken, hatte er
sich inzwischen bequem auf den Po gesetzt und dachte lange
nach.
Dann schlug er eine neue Seite auf und schrieb:
»Alleinsein ist eine Kunst, die du kultivieren kannst.«
Und:
»Gelingendes Alleinsein bedeutet innere Unabhängigkeit.«
Artur beschloss, auf seinem weiteren Weg das Alleinsein
gründlich zu erforschen. In seinem Alltag hatte er sich damit

überhaupt noch nicht beschäftigt – irgendetwas lag immer an beziehungsweise er ließ sich auch gern von irgendwelchen Dingen ablenken. So war er bisher gar nicht in die Situation gekommen, das Alleinsein wirklich zu erfahren und zu erkunden.

Aber Artur hatte die Vermutung, dass die Erfahrung des Alleinseins wertvoll sein könnte, wenn er wieder mit den anderen Hamstern – hoffentlich an einem schönen neuen Ort – in einer Kolonie zusammenleben würde.

Sinn

Die weise Hamsterin und die Frage nach dem Sinn

Irgendwann hatte Artur das ungeliebte Geröllfeld hinter sich gebracht. Dann war der Sumpf gekommen, wo er wieder ungemein viel Spaß gehabt hatte. Geradezu tänzerisch war Artur von einer halbwegs trockenen Grasfläche zur nächsten gehüpft, und mit besonderer Freude dachte er daran zurück, wie er sich einmal mithilfe einiger Binsen über das Nass unter ihm hinweggeschwungen hatte. Selbst Tarzan wäre beeindruckt gewesen! Auch die Schlucht hatte er bereits durchquert. Beinahe wäre Artur an ihr vorbeigelaufen, doch zum Glück hatte er den Weg noch mal in seinem kleinen Buch nachgeschlagen und sich dann richtig orientiert.

Nun befand sich Artur auf dem steilen Hang vor dem Pass. Leise schwitzte er vor sich hin. Noch nie war er so steil bergan gelaufen! Wie allen Hamstern machte ihm Klettern eigentlich Spaß, aber dabei noch eine gehörige Wegstrecke zurückzulegen war dann doch etwas anderes.

Artur spielte mit dem Gedanken, eine kleine Siesta einzulegen, aber hier am Hang war er vollkommen ungeschützt. Genauso gut hätte er für die Raubvögel ein riesiges Schild aufstellen können: »Hier liegt ein Hamster-Imbiss. Greift einfach zu!«

Und ihm hallten auch Karls Worte in den Ohren, der auf seine strenge Art zu dozieren pflegte: »Manche Vorhaben erfordern eine ausdauernde Bemühung.«

Fridolin und er hatten immer gefunden, dass das etwas oberlehrerhaft klang, aber vermutlich hatte Karl doch einen Punkt.

Also schnaufte Artur weiter den Berg hinauf.

Dann wurde es plötzlich flacher – er hatte den Pass erreicht. Nun machte Artur doch eine kurze Rast und genoss die Aussicht. Unglaublich, wie hoch oben er war!

Ein wenig stolz war er schon, und in Gedenken an Karl notierte er sich schnell: »Sei ausdauernd, dann hast du Erfolg.«

Zumindest fand Artur, dass es ein Erfolg war, so hoch oben auf einem Berg zu sitzen.

Das Gute am Pass war, dass es nur in eine Richtung weiterging. Hier konnte er also nichts falsch machen.

Beflügelt flitzte Artur weiter. Er versuchte, sich auf den Weg zu konzentrieren, merkte aber, dass er innerlich immer aufgeregter wurde. Wenn er alles richtig gemacht hatte, wäre er bald

am See! Ob die Wirklichkeit seiner Vorstellung entsprach?
Am meisten freute er sich auf das grüne Wasser des Sees.
Etwas Derartiges hatte er noch nie gesehen.

Und dann war es so weit. Stille umfing ihn, als er das Ende
des Passes erreichte. Artur hatte das Gefühl, die Zeit sei für
einen Augenblick stehen geblieben. Auch das Licht war von
einer ganz besonderen Qualität, es wirkte irgendwie wärmer
und satter als sonst.
Unterhalb von ihm erstreckte sich ein wunderschönes Tal.
Ehrfürchtig ließ Artur seinen Blick schweifen. Der See
funkelte smaragdgrün im Mondlicht, üppige Blumenwiesen
grenzten an seine Ufer, und etwas weiter hinten erkannte
Artur in der einen Himmelsrichtung einen lockeren Mischwald,
in der anderen ein Kornfeld.

Sei ausdauernd, dann hast du Erfolg.

Er war im Paradies! Es war alles noch schöner, als Artur es sich
in seinen kühnsten Träumen ausgemalt hatte.
Vor allem berührte ihn die friedliche Atmosphäre des Ortes.
Frohgemut stieg Artur vom Pass in die Hochebene hinab.
Er war am Ziel! Er konnte es noch selbst kaum glauben.
Bald schon hatte er das Seeufer erreicht. Vorsichtig trank er
ein paar Züge. Wie frisch und sauber das Wasser war! Von nun
an würde grünes Wasser sein Lieblingsgetränk sein.

Seine Beine wurden ihm schwer, aber Artur wollte noch unbedingt prüfen, ob auch die übrige Umgebung für ihre kleine Hamsterkolonie geeignet sein würde.

Erfreut stellte er fest, dass die Wiesen viele Insekten anlockten, und auch im Wald schien es so manche Futterquelle zu geben. Hellas Vorfahren hatten recht gehabt: Dies war ein besonderer Ort, hier würden sie gut leben können. Was für eine Erleichterung! Er hatte tatsächlich die Zukunft der Hamsterkolonie gefunden.

Artur blickte noch immer ganz verzückt auf den grünen See, als er plötzlich ein eigenartiges Leuchten wahrnahm. Ein warmer goldener Schimmer war am gegenüberliegenden Ufer aufgetaucht und bewegte sich langsam in seine Richtung. Artur hielt die Luft an. Gebannt beobachtete er den Lichtschein, in dem sich allmählich eine Gestalt abzeichnete.

War das etwa …? Er traute seinen Augen kaum.

Es gab sie also tatsächlich: die weise Hamsterin! Und sie zeigte sich ihm, dem stürmischen, tollpatschigen Artur! In einer Mischung aus Ehrfurcht und Neugier kam Artur auf die Füße und lief der großen Hamsterlegende langsam entgegen. Sein Herz schlug ihm bis zum Hals.

Und dann stand er ihr gegenüber. Golden leuchtete das Fell der weisen Hamsterin; eine Woge der Warmherzigkeit und Güte ging von ihr aus und hüllte Artur ein. Er verbeugte sich tief, bevor er schüchtern den Blick hob.

»Da bist du also, Artur«, lächelte ihn die weise Hamsterin an. »Ich habe dich schon erwartet.«

Artur war zu aufgeregt, um eine Antwort zustande zu bringen.

»Aber nun sage mir, was genau führt dich zu mir?«

»Ich … ähm … also ich bin hergekommen, weil ein Hagelsturm unser Feld in Mitleidenschaft gezogen hat und dann
erzählte unsere Clanchefin Hella von diesem grünen See in
den Bergen … und dann bin ich losgezogen, um unsere
Zukunft zu finden.« Als Artur merkte, dass er ziemlich zusam-
menhanglos sprach, hielt er inne.

Die weise Hamsterin schwieg.

Schließlich fragte sie: »Ist das alles?«

Im Leben geht es um mehr als den alltäglichen Kleinkram.

»Nun, ich dachte …«, Artur merkte, dass er ganz heiße Ohren
bekommen hatte, »also Hella sagte, dass du das Geheimnis des
Lebens kennst. Und … und ich fühle mich manchmal so leer
und dann frage ich mich, was es mit dem Leben eigentlich so
auf sich hat. Ich meine, was das Ganze eigentlich soll. Anders
gesagt …«

»Schon gut, Artur«, sagte die weise Hamsterin. »Ich verstehe
sehr genau, was du sagen willst. Und bei mir bist du mit
deiner Frage richtig.«

Ein tiefer Seufzer der Erleichterung entfuhr Artur. Erst jetzt
merkte er, wie angespannt er in letzter Zeit unterschwellig
gewesen war.

»Am besten erzählst du mir, was genau du mit diesem Gefühl
der Leere meinst«, forderte ihn die weise Hamsterin auf.

»Nun«, Artur überlegte einen kurzen Moment, »unser Leben ist ja eigentlich nicht schlecht. Wir leben harmonisch in einer kleinen Gemeinschaft und haben meistens genug zu fressen. So vergeht die Zeit und wir fragen uns ständig, wie wir noch mehr hamstern können und ob wir lieber Körner oder Insekten sammeln sollen. Immerzu stopfen wir uns irgendwelche Dinge in die Backen und schleppen sie in unsere Bauten. Kurz, es geht immerzu ums Hamstern. Das ist einerseits ganz befriedigend, denn irgendwie ist das ja auch der Grund, weshalb wir da sind, und eine von uns – sie heißt Maxi – ist enorm fleißig und sie hat eine ganz besondere Hamstertechnik entwickelt …«

Artur merkte, dass er von seinem eigentlichen Thema abgekommen war, und suchte nach seinem Faden.

»Also, was ich sagen wollte, ist, dass das Hamstern auf die Dauer eintönig ist«, fuhr er fort. »Und wenn ich anfange darüber nachzudenken, dann werde ich ganz verzweifelt«.

Die weise Hamsterin nickte verständnisvoll: »Etwas, was früher für dich selbstverständlich und eine erfüllende Tätigkeit war, fühlt sich auf einmal schal an.«

»Ja, so ist es«, stimmte ihr Artur zu.

»Und das ist unbefriedigend«, fuhr die Hamsterin fort.

Artur nickte. »Warum genau ist es unbefriedigend?«, hakte die weise Hamsterin nach.

Artur überlegte einen Moment.

»Nun, ich finde, wir konzentrieren uns nur noch auf das Kleinklein. – Aber das kann doch nicht alles sein im Leben. Es muss doch mehr geben!«, rief er inbrünstig aus.

Wer den Sinn des Lebens entdeckt, entdeckt das Geheimnis des Lebens.

Die weise Hamsterin schmunzelte.

»Da hast du vollkommen recht, Artur, das ist tatsächlich
nicht alles im Leben. Und genau deshalb bist du vom Rat
der weisen Hamster ausgewählt und auf diese Expedition
geschickt worden. Wir hatten den Eindruck, dass du bereit
bist, das Geheimnis des Lebens zu entdecken.« Sie blickte ihn
eindringlich an: »Und – bist du bereit?«

»Ja«, flüsterte Artur gebannt.

»Du sprachst gerade eben von dem ›Grund, weshalb wir da
sind‹. Erinnerst du dich?«

Artur nickte.

»Ein anderer Ausdruck für diesen ›Grund, weshalb wir da
sind‹ lautet ›Sinn‹. Es geht um den Sinn des Lebens.«

Die weise Hamsterin machte eine Pause.

»Wer den Sinn des Lebens entdeckt, entdeckt das Geheimnis
des Lebens.«

Sinn hat im Leben viele Facetten.

Artur versuchte, das Gehörte zu verdauen. Dann fragte er
vorsichtig: »Was genau bedeutet denn ›Sinn‹?«

»Sinn hat viele Facetten. Zum einen ist damit so etwas wie eine
Aufgabe oder ein Ziel gemeint. Du wolltest diesen grünen See
finden, damit deine Kolonie eine bessere Zukunft hat.
Das hat dir einen Sinn gegeben und dieser war der Ansporn
für alle deine Handlungen unterwegs.

Zum anderen haben dich die unbekannten Situationen

herausgefordert. Du musstest ganz präsent und kreativ sein. In solchen Situationen fühlt man sich besonders lebendig, und Lebendigsein macht ebenfalls den Sinn des Lebens aus. Sinn hat also auch etwas mit Intensität, Vielfalt und Lebensfreude zu tun.«

Artur sah die weise Hamsterin gespannt an und wartete darauf, dass sie weitersprach. Doch sie schwieg.

»Ja und wo genau finde ich denn nun den Sinn?«, fragte er schließlich.

Die weise Hamsterin lächelte. »Das, lieber Artur, musst du selbst herausfinden. Deine Reise ist noch nicht vorbei, du musst noch mit deinen Gefährten hierher zurückkehren. Aber ich bin mir sicher, dass du am Ende fündig wirst. Und dieses hier wird dir dabei helfen.«

Bei diesen Worten zog die weise Hamsterin einen kleinen goldenen Schlüssel hervor, der an einer Schnur hing. »Dieser Schlüssel wird dir helfen, das Geheimnis des Lebens zu lüften. Doch noch ist es nicht so weit.«

Behutsam legte sie Artur das Band mit dem goldenen Schlüssel um den Hals.

Im selben Moment spürte Artur am ganzen Körper eine Veränderung. Ein warmes Gefühl durchströmte ihn, und als er an sich herabblickte, bemerkte er, dass sein Fell einen zarten goldenen Schimmer hatte.

Er hatte sich in einen Goldhamster verwandelt!

Sprachlos hob er fragend den Blick. Doch von der weisen Hamsterin war nur noch ein schwaches Leuchten am anderen Ufer des Sees auszumachen.

Selbstfürsorge

Energie ist ein kostbares Gut

rtur blickte noch eine ganze Weile auf die Stelle, an der die weise Hamsterin von der Nacht verschluckt worden war. Dann betastete er staunend sein verändertes Fell.

Doch plötzlich erfasste ihn eine große Eile. So schnell wie möglich musste er seinen Kameraden von dem See und der weisen Hamsterin erzählen!

Ungestüm rannte Artur zurück in Richtung des Passes.

Dabei schlug der goldene Schlüssel sacht gegen sein Brustbein.

Doch plötzlich spürte er einen stechenden Schmerz in der Magengegend und seine Beine sackten unter ihm weg.

Artur landete auf dem Bauch, alle viere von sich gestreckt.

Eine ziemlich ungemütliche Lage, aber Artur war zu schwach, um wieder aufzustehen.

Erst jetzt merkte er, wie erschöpft und hungrig er war. Wann hatte er zuletzt etwas gefressen? Wann hatte er sich richtig ausgeschlafen? Er wusste es schon gar nicht mehr.

Eine Weile lag Artur einfach so da. Zunächst rasten tausend Gedanken durch seinen Kopf: Die anderen mussten doch ganz schnell herkommen ...; ob Hella Probleme mit der Steinwüste haben würde? Und die weise Hamsterin erwartete noch etwas von ihm ...

Dann wurde er innerlich ruhiger. Das fühlte sich gut an.

Im Laufe seiner Expedition hatte er gelernt, die Momente, nach denen etwas Besonderes geschehen war, zu schätzen.

In diesen Momenten verarbeitete er das Geschehene und kam zu neuen Einsichten. Mitunter erhielt Bekanntes eine neue Bedeutung.

Entsprechend musste er jetzt an einen der Sätze denken, die Hella ihm am Ende ihres Gesprächs mit auf den Weg gegeben hatte: »Achte auf deine Kräfte.«

Offenbar hatte er den Satz nie richtig verstanden. Denn Energie hatte er bisher immer im Überfluss gehabt. Er konnte nachts stundenlang umherflitzen und wenn er müde war, schlief er ein und war in der nächsten Nacht wieder fit.

Ganz einfach. So wie jetzt hatte er sich noch nie gefühlt.

So ausgelaugt. So schlapp.

Und er war nicht nur erschöpft, sondern fühlte sich auch deprimiert. Aber wie konnte das sein? Er hatte doch den wundervollen See entdeckt und hatte die Ehre gehabt, die weise Hamsterin zu treffen. Das waren doch eigentlich Gründe, um in Hochstimmung zu sein?

Nur wer gut für sich selbst sorgt, kann auch gut für andere sorgen.

Nun ja, er hatte nicht auf seine Kräfte achtgegeben.

Und anscheinend gab es einen Zusammenhang zwischen körperlicher Erschöpfung und emotionaler Niedergeschlagenheit.

Vorsichtig gelang es Artur, sich aufzurichten und sein Buch hervorzuholen.

Als Erstes präzisierte er Hellas Satz:

Achte auf deine Kräfte, deine Gesundheit und dein emotionales Wohlbefinden.

Dann durchfuhr Artur ein Schreck. Was, wenn er nie wieder zu Kräften käme? Dann müsste er an diesem Hang bleiben; dann wäre seine ganze Odyssee umsonst gewesen und er würde nie erfahren, was es mit dem goldenen Schlüssel auf sich hatte. Aber nein, das ging doch nicht! Er schuldete es doch den anderen, mit ihnen zusammen hierher zurückzukehren!

Hastig schrieb Artur weiter:

»Nur wer gut für sich selbst sorgt, kann auch für andere sorgen«.

Interessant, dachte er: »Sorgen« wurde oft mit Angst verbunden, dann hieß es etwas wie »bange sein, sich Sorgen machen«. Aber als »Fürsorge« konnte es auch einen positiven Sinn haben. Letzteres war ein wichtiger Punkt, den musste er unbedingt festhalten. Und wie er gerade am eigenen Leibe erfahren

hatte, ging es nicht nur darum, mit anderen fürsorglich umzugehen, sondern auch mit sich selbst:
»Selbstfürsorge ist die Basis all unserer Unternehmungen.«

Müde, aber zufrieden legte Artur sein Heft beiseite.
Selbstfürsorge. Was für ein schönes und treffendes Wort, da
steckte so viel drin. Es hieß, dass man genug Pausen machte
und vernünftig aß und schlief. Aber es hieß auch, dass man
darauf achtete, wie es einem psychisch ging, ob man zufrieden
war mit dem, was man tat, und ob man Gleichgesinnte hatte,
mit denen man lachen oder ernsthafte Dinge teilen konnte.
Er schloss die Augen und spürte in sich hinein. Allmählich
wurde sein Atem ruhiger und tiefer.
Was konnte er also tun, damit es ihm gut ging?
Nichts. Im Moment musste er einfach nur da sein. Und liebevoll mit sich selbst umgehen. Er lag gut geschützt unter einem
überstehenden Felsbrocken, hatte noch einen Rest Futter in
den Tiefen seiner Hamsterbacken und würde jetzt einfach eine
Weile hier liegen. Und atmen. Das war der Zugang zu seinem
inneren Paradies.

Leichtigkeit

Mit leichtem Gepäck durchs Leben

rtur schlief einen Tag und eine Nacht und einen Tag. Als er aufwachte, fühlte er sich wie neugeboren.

Was für ein Glück: Er hatte seine alte Energie nicht verloren! Trotzdem würde ihm sein kleiner Zusammenbruch eine Lehre sein.

Natürlich begann Artur als Erstes, sich zu putzen. Er tat es mit einer neuen Hingabe und Liebe zum Detail. Er spürte selbst die kleinsten Schlammkrümel auf, die sich nach der Durchquerung des Sumpfes in seinem Fell versteckt hatten, und brachte sein neues Gewand gehörig zum Glänzen.

Zum Frühstück fing er sich einige Insekten und knabberte ein paar Blätter knackigen Löwenzahn. So ein eiweiß- und vitaminhaltiges Frühstück war doch etwas Wunderbares!

Derartig gestärkt, war der Aufstieg zum Pass schnell geschafft. Oben angekommen, drehte sich Artur nochmals um und ließ seinen Blick über das Tal schweifen, in dessen Mitte das Wasser des grünen Sees im Licht der Sterne verheißungsvoll glitzerte.

Wie sehr würden sich seine Kameraden über dieses neue Revier freuen! Artur konnte es gar nicht erwarten, zusammen mit ihnen hierher zurückzukehren. Und er brannte darauf herauszufinden, was es mit dem kleinen Schlüssel auf sich hatte.

Beim Abstieg auf der anderen Seite des Passes überlegte Artur, dass er vermutlich schneller vorankäme, wenn er nicht hinablief, sondern einfach ganz viele Purzelbäume schlug.

Gedacht, getan. Artur geriet in einen wahren Geschwindigkeitsrausch. Innerhalb kürzester Zeit wusste er nicht mehr, wo oben und unten war, und sauste den Hang hinab. Dass es so gut klappen würde, hatte er gar nicht zu hoffen gewagt. Und außerdem machte es großen Spaß.

»Gehst du spielerisch durchs Leben, so fällt dir vieles leichter«, schoss es ihm durch den Kopf.

Und dann war seine Abwärtssause auch schon wieder vorbei. Er erreichte eine Wiese und rollte langsam aus, bis er liegen blieb. Wenn er daran dachte, wie mühsam der Aufstieg gewesen war ...

Schnell hatte er sich aufgerappelt und wetzte weiter.

Im Weiterlaufen fiel ihm auf, dass er sich seit einigen Tagen irgendwie leichter fühlte. Nicht, dass er vorher das Gefühl gehabt hätte, mit einer Zentnerlast um den Hals durchs Leben

Geh leicht durchs Leben, befreie dich von unnötigem Ballast.

zu laufen. Das konnte man nun wirklich nicht behaupten!
Aber irgendwie war er innerlich gelöster, lockerer, freier.
Woran das bloß lag?
Artur blieb einen Moment stehen, um den Gedankengang in
aller Ruhe zu verfolgen.
Vielleicht führte zu Hause der immer gleich ablaufende Alltag
zu bestimmten Erwartungen, die eine Form von Ballast darstellten.
Vielleicht beförderte das ständige Hamstern von Nahrung und
die damit einhergehende Konzentration auf materielle Sachen
ein Gefühl der Unsicherheit.
So als sei das Leben an sich hart und gefährlich und man
müsse sich unbedingt im Voraus absichern, statt offen zu sein
für das, was einem das Leben an schönen Erlebnissen von sich
aus schenkte.
Artur jedenfalls fühlte sich durch die Erlebnisse seiner Expedition enorm beschenkt.
Vielleicht war es gerade das Sich-Abwenden von materiellen
Dingen, was einem diese Offenheit, Leichtigkeit und Lebensfreude ermöglichte.
Moment, das waren schon ziemlich viele gute und wichtige
Gedanken! Er musste sich dringend ein paar Notizen
machen:
»Geh leicht durchs Leben, befreie dich von unnötigem
Ballast.«
Artur dachte daran, dass sich die Dinge oft fügten, wenn man
nicht unbedingt etwas erzwingen wollte. Er erinnerte sich, wie
er nach dem Angriff des Raubvogels in seinem Versteck ein

köstliches Büschel Klee entdeckt hatte. Das Leben hatte ihm in dieser heiklen Lage eine Delikatesse auf dem Silbertablett serviert! In die nächste Zeile schrieb Artur deshalb:

»Vertraue darauf, dass du im richtigen Moment das erhältst, was du brauchst.«

Denn es stimmte doch: Nur mit einem solchen Vertrauen konnte man innerlich loslassen und mit leichtem Gepäck durchs Leben gehen.

Und noch etwas hing damit zusammen: Dadurch, dass Artur von dem üblichen Ballast befreit war, fiel es ihm viel leichter, sich auf den jeweiligen Moment einzulassen.

Anscheinend stellten sonst die Alltagsroutinen, die Konzentration auf Sachen und die Erwartungen Hindernisse dar, die ihn vom Erleben des Augenblicks abhielten.

Auf den Punkt gebracht, hieß das:

»Wer im Augenblick lebt, hat ein reicheres Leben.«

Geschwind verstaute Artur sein Schreibmaterial, um weiter nach Hause zu eilen.

Es ging bereits auf Mitternacht zu, als Artur die Hamsterkolonie erreichte.

Diesmal war es Fridolin, dem Artur als erstem begegnete, und die beiden umarmten sich erfreut.

Besorgt registrierte Artur das struppige Fell seines Freundes, aber Fridolin, der seinen Blick wahrnahm, ging nicht darauf ein, sondern zog Artur gleich mit sich.

»Komm«, sagte er, »wir wollen den anderen Bescheid sagen. Alle sind schon sooo gespannt!«

Als Hella, Karl, Maxi und Lisa den erschöpften, aber glücklichen Artur sahen, gerieten sie ganz aus dem Häuschen. Sie bestaunten sein goldenes Fell, umringten ihn, lachten, klopften ihm auf die Schulter und nötigten ihn, zu essen und zu trinken.

Vertrauen ermöglicht uns loszulassen.

Alle redeten durcheinander: »Hast du den See gefunden?« »Wie sieht es dort aus?« »Hast du unterwegs auch genug zu fressen gehabt?« »Ist es weit?« »Was war dein schönstes Erlebnis?« »Wie fühlt es sich an, ein Goldhamster zu sein?« …

Schließlich hob Hella beschwichtigend eine Vorderpfote. Alle verstummten und setzten sich in einen Kreis.

»Ich bin so froh, lieber Artur«, begann Hella, »dass du wohlbehalten zurückgekehrt bist. Wir alle haben an dich geglaubt. Aber du musstest eine weite Strecke zurücklegen, und man kann nie wissen, welche Gefahren unterwegs lauern. Willkommen zurück!«

Sie und die anderen vier applaudierten Artur, der verlegen den Kopf senkte und dabei unauffällig in Lisas Richtung schielte.

»Doch nun erzähl!«, bat Hella.

Und Artur erzählte.

Er erzählte von dem Hirsch auf der Lichtung und seinem Trick, um dem Hirsch sein Wissen zu entlocken. Von der Steinwüste und dem plötzlichen Gefühl des Verlassenseins. Von dem Sumpf, der Schlucht und dem ungeheuer steilen Anstieg bis zum Pass. Und von der besonderen Stille in dem Moment, als er zum ersten Mal das Tal mit dem grünen See erblickt hatte.

»Es ist dort noch schöner, als ihr euch überhaupt vorstellen könnt!«, rief Artur begeistert. »Das Gras ist das saftigste, das ich je gesehen habe; das Wasser des grünen Sees schmeckt köstlicher als alles, was ich je getrunken habe; und die Atmosphäre ist ungemein heiter und friedlich. Ich glaube, wir werden dort sehr glücklich sein.«

Es folgten begeisterte Zwischenrufe der anderen.

Und natürlich berichtete Artur ausführlich von seiner Begegnung mit der weisen Hamsterin. Hier wollten seine Gefährten jedes Detail wissen.

»Aber sag, Artur, wie hast du das alles letztendlich geschafft?«, fragte Fridolin.

»Wisst ihr«, hob Artur an, »ich habe auf dieser Expedition ziemlich viel entdeckt. Und damit meine ich nicht nur die schönen Blätterhaufen im Wald, die Berge, das Tal und so weiter. Sondern vor allem habe ich viel über mich und das Hamsterdasein gelernt.«

Bisher war Karl der einzige gewesen, der jemals das Wort »Dasein« verwendet hatte; er hob erstaunt seine Schnauze und sah Artur erwartungsvoll an.

»Ich habe festgestellt, dass man auch ganz anders leben kann, als immer nur zu hamstern.«

Maxi wollte etwas einwenden, aber Artur kam ihr zuvor: »Ja, ich weiß, wir müssen Vorräte hamstern, um durch den Winter zu kommen. Aber seien wir ehrlich: Oft haben wir zu Beginn des Frühjahrs noch Futter übrig. Das heißt, wir hätten gar nicht so viel hamstern müssen, sondern hätten durchaus Zeit für andere Dinge verwenden können.«

Lisa und Fridolin hörten Artur gespannt zu, während sich auf Maxis Gesicht blankes Unverständnis abzeichnete.

»Ja, aber …«, fing sie an, schien aber mehrere Dinge gleichzeitig sagen zu wollen, sodass sie nochmals ansetzen musste.

»Aber was sollen wir denn sonst tun, wenn wir nicht hamstern? Das Sammeln von Nahrung ist doch der Grund, weshalb wir Hamster leben.«

»Ist das so?«, fragte Artur zurück.

Die anderen schwiegen verwirrt, nur um Hellas Mund spielte ein leises Lächeln.

»Seit ich die Kolonie verlassen habe, habe ich viele andere Dinge getan als zu hamstern, und das war eine tolle Erfahrung.«

»Naja, du warst ja auch auf einer besonderen Mission. Da konntest du eben nicht so viel Zeit für die Nahrungssuche aufwenden«, sagte Maxi.

»Das ist nicht mein Punkt«, gab Artur zurück. »Natürlich stimmt das: Ich war in einer besonderen Situation und unser Alltag sieht anders aus.

Aber das Interessante dabei war: Ich habe festgestellt, wie schön es war, mich auf andere Dinge einzulassen. Mein Blick hat sich geweitet, ich habe mich viel leichter und zugleich bereichert gefühlt.

Ja, ich habe das Gefühl, dass sich in mir unterwegs eine Tür aufgetan hat, hinter der wundervolle Schätze liegen.«

Sofern dies überhaupt möglich war, wurde Maxis Ausdruck noch verständnisloser. Ein Reichtum, der nichts mit gehamsterten Schätzen zu tun hatte!?

Die Konzentration auf materielle Dinge fördert ein Gefühl von Unsicherheit.

Tja, wie konnte Artur den von ihm erfahrenen Reichtum am besten erklären?

Er überlegte einen Moment.

Dann blickte er die anderen der Reihe nach an und sagte: »Wir haben Glück, weil wir friedlich zusammenleben. Dabei konzentrieren wir uns aufs Hamstern und jede Nacht verläuft ungefähr gleich. Das Problem daran ist, dass dies unseren Erfahrungshorizont einschränkt und wir dabei das große Ganze aus den Augen verlieren.«

Hella und Karl wechselten untereinander einen Blick.

»In gewisser Weise ist das in Ordnung. Aber auf meiner Expedition durfte ich etwas anderes erfahren. Ich bin durch ganz neue Gegenden gelaufen, habe grünes Wasser getrunken und mir ist es gelungen, mich gegen einen viel größeren Gegner durchzusetzen.

Kurz, ich war überraschenden Situationen ausgesetzt und habe innere Stärken mobilisiert, von denen ich gar nicht wusste, dass ich sie besaß oder wie nützlich sie sein können.«

»Wie meinst du das genau?«, wollte Fridolin wissen.

»Diese unbekannten Situationen haben mich auf produktive Weise herausgefordert.

Neugier half mir, dem Erdgeist zu vertrauen und mit ihm den massiven Erdwall zu durchqueren.

Der Angriff des Bussards hat mich Wachsamkeit gelehrt.

Durch meinen Spieltrieb konnte ich den Bach überqueren.

Lebensmut war in jeder Situation wichtig.

Eine Vision half mir, mein Ziel zu formulieren und es beharrlich zu verfolgen.

In der Begegnung mit dem Hirsch habe ich erlebt, dass man nicht viel haben oder darstellen muss, um gegenüber einem größeren Kontrahenten zu bestehen.

Als ich mich in der Steinwüste plötzlich so allein fühlte, merkte ich, dass ich innerlich mit euch verbunden bin und dass das Alleinsein einen auch stärken kann.

Ausdauer half mir, die ganze Strecke und insbesondere den letzten steilen Hang zu bewältigen.

Und als ich zu schnell hierher zurückeilen wollte, um euch von dem See zu erzählen, bin ich zusammengeklappt. Erst so habe ich begriffen, wie wichtig Selbstfürsorge ist, um für andere da sein zu können.

Durch all das bin ich mir auf eine ganz neue Weise selbst begegnet. Und nicht zuletzt hat mir die weise Hamsterin erklärt, was es mit dem Sinn des Lebens auf sich hat.«

Eine kleine Pause trat ein.

»Alle Achtung«, murmelte Karl.

»Also für mich klingt es eher nach einem ungeordneten Durcheinander – in Ermangelung unserer eigentlichen Aufgabe, dem Sammeln«, sagte Maxi. »Wo ist denn dabei bitteschön der rote Faden?«

Artur überlegte einen Moment.

»Nun, der rote Faden«, erwiderte er, »besteht darin, dass ich Sinn gesammelt habe und keine Sachen.«

»Wie bitte, Sinn sammeln?? Den gibt es doch gar nicht als solchen«, Maxis Stimme überschlug sich förmlich.

»Stimmt, du kannst Sinn nicht in deine Backen stopfen«, bei dieser Vorstellung musste Artur lächeln. »Aber das heißt nicht, dass es Sinn nicht gibt. Sinn kann vielerlei umfassen, wie mir die weise Hamsterin erklärt hat – eine Aufgabe, ein Ziel oder schlichtweg Lebensintensität.

Sinn öffnet uns für das,
was wichtig ist im Leben.

Wer den Sinn des Lebens entdeckt, entdeckt das Geheimnis des Lebens, sagte sie. Und wer das Geheimnis des Lebens entdeckt«, Artur war so in Fahrt geraten, dass er den Gedanken noch ein wenig weiterspann, »der hat die Chance auf ein glückliches Leben.«

Maxi schwieg und verarbeitete das Gesagte.

Fridolin sah seinen Freund voller Stolz an.

Lisa hielt vor Bewunderung den Atem an und strahlte über das ganze Gesicht.

Karl wünschte sich insgeheim, er hätte ebenfalls ein kleines Büchlein, in das er sich während Arturs Ausführungen hätte Notizen machen können.

»Aber ich verstehe das immer noch nicht ganz«, wandte Maxi ein. »Einerseits sagst du, wir sollen nicht so viel hamstern, andererseits sagst du, dass es gut ist, Sinn zu sammeln. Das ist doch auch eine Art von Hamstern. Ist Sammeln nun gut oder schlecht?«

Artur schwieg einen Moment verdutzt. »Naja, aber Sinn und Sachen sind doch sehr unterschiedliche Dinge. Wenn wir Sachen sammeln, dann richten wir den Blick nach außen. Wir schielen darauf, immer mehr zu besitzen, ohne uns zu fragen, ob wir dieses Mehr unbedingt brauchen. Und so kann es geschehen, dass wir den Kontakt zu uns selbst verlieren und die Sachen die Herrschaft über uns gewinnen.

Sinn hingegen ist etwas Immaterielles. Er belastet uns nicht, vielmehr öffnet er uns für das, was wichtig ist im Leben.«

Minimiere den Ballast, maximiere den Sinn!

»Genau so ist es!«, ergänzte Karl, der über dieses unverhoffte philosophische Gespräch hocherfreut war. »Wenn wir den materiellen Ballast unseres Lebens reduzieren, öffnen wir uns für die immateriellen Werte. Anders gesagt: Minimiere den

Ballast deines Lebens und maximiere seinen Sinn!«, schloss er feurig.

»Na schön«, sagte Maxi. »Und wie genau finde ich den Sinn?« Alle blickten gespannt auf Artur.

»Also ... tja ... ehrlich gesagt, weiß ich das noch nicht genau. Die weise Hamsterin gab mir diesen goldenen Schlüssel«, er holte das Band, das er um den Hals trug, hervor, »um mit seiner Hilfe die Antwort zu entdecken, wenn es so weit ist. Und dafür müssen wir alle zum grünen See gehen.«

Stille trat ein. Mit großen Augen bestaunten die anderen Hamster den geheimnisvollen Schlüssel.

Schließlich ergriff Hella das Wort. »Das sind alles sehr kostbare Einsichten, die du uns mitgebracht hast und für die wir dir von Herzen danken, Artur. Wir wollen sie künftig beherzigen. Ich bin mir sicher, dass unser Leben dadurch erfüllter wird. Doch nun wollen wir uns schlafen legen. Wir wollen morgen doch fit sein, wenn wir uns gemeinsam auf den Weg zum Tal in den Bergen machen.«

Selbsterkenntnis

Der Schatz am grünen See

D er Mond stand als schmale Sichel knapp über dem Horizont. Karl erschien als Erster am Treffpunkt. Als Nächstes tauchte Fridolin auf. Seit Arturs Rückkehr hatte sein Waschtick nachgelassen, aber er sah nach wie vor recht zerzaust aus.

Lisa trug ihre schönsten Wanderstiefel und hoffte, Artur würde bemerken, dass sie inzwischen etwas mehr Taille hatte. Hella und Artur waren ins Gespräch vertieft, als Maxi leicht verspätet eintraf; sie hatte sich ihre Backen zunächst dermaßen vollgestopft, dass sie nicht mehr aus ihrer Vorratskammer herausgekommen war.

Hella, die gebrechlicher aussah als sonst, übergab das Kommando an Artur, der mit blitzblanken Augen vorfreudig auf der Stelle trippelte.

»Seid ihr bereit?«, fragte er seine Gefährten.

»Ja«, kam es einstimmig zurück.

»Also gut, dann lasst uns zum grünen See marschieren!«, rief Artur, und Maxi setzte leise, aber entschlossen hinzu: »Lasst uns Sinn sammeln!«

Die Reise der sechs Hamster verlief ohne größere Zwischenfälle. Nur der Aufstieg des steilen Hangs dauerte länger, da Hella Mühe mit der Steigung hatte.

Doch irgendwann standen die Hamster am Ende des Passes genau dort, wo schon Artur einen ersten Blick auf die Hochebene geworfen hatte.

»Wie wunderschön«, seufzte Lisa andächtig, »und das Wasser ist ja tatsächlich smaragdgrün.«

Der Sinn des Lebens liegt in uns selbst.

Später führte Artur seine Freunde begeistert durch das Tal und genoss ihre Freude daran. Bei allen hatte das Ausbrechen aus der Alltagsroutine die Wahrnehmung geschärft und die Lebenslust gesteigert, sodass sie neugierig alles beschnupperten. Fridolin begeisterte sich an der frischen Bergluft. Hier konnte man viel freier atmen!

Der Boden war gut geeignet für Hamsterunterkünfte und sie begannen, die künftige Anordnung ihrer Bauten zu diskutieren. Karl und Maxi hatten jeweils schnell einen geeigneten Platz gefunden, doch Artur zögerte.

Er stellte fest, dass er gar keine Lust hatte, einen Bau für sich allein zu buddeln. Vorsichtig linste er zu Lisa hinüber, die ebenfalls unschlüssig wirkte. Als Artur sie dort so stehen sah, schlug ihm das Herz bis zum Hals. Wie wunderbar müsste es sein, jeden Abend neben dieser feenhaften Gestalt aufzuwachen und gemeinsam in die Nacht zu starten!

Wer wagt, gewinnt, schoss es Artur durch den Kopf, und schon lief er auf Lisa zu, die errötete, als sie ihn kommen sah.

»Möchtest du –«, nun hatte er doch Schwierigkeiten, die richtigen Worte zu finden, »möchtest du dir mit mir ein Nest teilen?«

Über Lisas Gesicht ging ein Strahlen. »Nur zu gern, Artur!«, rief sie begeistert.

Sie blickten einander tief in die Augen und wären vermutlich stundenlang so verharrt, wenn nicht auf einmal der Schlüssel um Arturs Hals zu leuchten begonnen hätte.

Er strahlte in einem intensiven Gold und Artur spürte, dass von dem Schlüssel eine Aufforderung ausging, ja, der Schlüssel schien ihm regelrecht den Weg zu weisen!

Erst zögerlich, dann immer entschiedener folgte Artur diesem Zeichen, bis ihn der Schlüssel zu einer Felsenhöhle führte, die unweit vom Seeufer versteckt lag. Dort hörte der Schlüssel unvermittelt auf zu leuchten. Artur schaute sich in der Höhle um, konnte aber zunächst nichts Besonderes entdecken.

Gerade als die anderen Hamster zu ihm aufgeschlossen hatten, erspähte Artur ganz hinten in einer Nische eine Schatztruhe.

Er nahm das Band von seinem Hals und steckte den Schlüssel behutsam in das Schloss der Truhe. Es war ganz rostig und

Artur hatte zunächst Mühe, den Schlüssel zu drehen, doch plötzlich sprang das Schloss mit einem eindringlichen metallischen Klang auf.

Mit vereinten Kräften hoben Artur und seine Freunde den Deckel an und in dieser Sekunde erfüllte ein goldenes Licht die Höhle. Es war so wunderbar warm und einladend, dass ihnen allen das Herz aufging.

Als sich Arturs Augen an die Helligkeit gewöhnt hatten, entdeckte er auf dem Boden der Truhe eine runde goldene Scheibe. Sie war schon verwittert, dennoch glänzte sie, sodass sich ihr Umfeld in ihr spiegelte. Vorsichtig zog Artur die Scheibe hervor und lehnte sie gegen eine Wand der Höhle. Schweigend hatten sich die anderen hinter ihm versammelt und blickten in das goldene Rund. Was ihnen von dort entgegenblickte – waren sie selbst!

In Artur arbeitete es fieberhaft. Was hatte das zu bedeuten? Die weise Hamsterin hatte gesagt, der Schlüssel würde ihm das Geheimnis des Lebens aufdecken … und das Geheimnis des Lebens hatte etwas mit dem Sinn des Lebens zu tun …

Mit jedem Gedanken wurde Artur aufgeregter.

Und nun hatte der Schlüssel ihn zu dieser Scheibe geführt, und was er in dieser Scheibe sah, war er selbst … das hieß, dass der Sinn des Lebens …

»Ich hab's!«, rief Artur laut. »Ich weiß die Antwort auf die Frage, wie wir den Sinn des Lebens finden! Er liegt in uns selbst!«

»Was? Ich verstehe kein Wort«, sagte Maxi. »Wer liegt wo?«

»Erinnert ihr euch? Wir haben kürzlich darüber gesprochen,

Sinn zu sammeln und inneren Reichtum zu kultivieren ist der Weg zu wahrer Unabhängigkeit!

wie wichtig es ist, sich auf den Sinn statt auf Sachen zu konzentrieren«, sagte Artur.

Die anderen nickten.

»Aber die Frage war doch«, fuhr Artur fort, »wie wir den Sinn überhaupt finden. Und die Antwort ist, dass wir ihn nirgendwo da draußen finden können, sondern in uns selbst. Die goldene Scheibe spiegelt uns wider.

Und damit ist sie ein Symbol dafür, dass wir den Blick auf uns, also nach innen richten müssen. Deshalb hatte mir der Erdgeist auch geraten, dass ich auf meine Erfahrungen und Gefühle achtgeben soll.«

»Ich glaube, du hast recht«, stimmte ihm Hella zu, »und diese Scheibe ist nicht umsonst golden. Da Gold seit jeher für Reichtum steht, bedeutet dies, dass in unserem Inneren Reichtümer liegen. Und ich glaube, wir wissen inzwischen auch ziemlich genau, welche Reichtümer das sind.«

Wir haben es selbst in der Hand,
wie sinnvoll unser Leben ist.

Als die anderen sie fragend anblickten, fuhr Hella fort: »Nun, es sind doch all die Eigenschaften und Qualitäten, die Artur auf seiner Exkursion entdeckt hat: Neugier, Wachsamkeit, Lebensmut, spielerisch durchs Leben gehen, eine Vision haben, Einfallsreichtum, allein sein können, Ausdauer und Selbstfürsorge.«

Verblüfft blickte Artur die Stammesälteste an.

Nun mischte sich auch Karl ein, der die Erkenntnis auf seine eigene Weise weiterspann. »Und das Gute daran, dass es innere Qualitäten sind, ist, dass wir unabhängig sind von irgendwelchen äußeren Umständen. Wir haben es selbst in der Hand, wie sinnvoll unser Leben ist. Natürlich können wir den Sinn des Lebens nicht einfach so auf Knopfdruck bestellen. Sondern es braucht Übung, wir müssen uns bewusst um den Zugang zu unseren inneren Reichtümern bemühen. Aber es bleibt dabei, wir haben dies selbst in der Hand. Mit anderen Worten: Sinn zu sammeln und inneren Reichtum zu kultivieren ist der Weg zu wahrer Unabhängigkeit!«

Noch ganz beseelt von diesen neuen Erkenntnissen legten die Hamster die Scheibe behutsam in die Truhe zurück und traten aus der Höhle hinaus.

In jedem von ihnen hatte sich eine Wandlung vollzogen, sie fühlten sich leicht, frei und zuversichtlich. Eine laue Brise strich durch das Tal, die Sterne funkelten.

Da fing Maxi an zu kichern und sagte: »Also ehrlich, Leute, innerer Reichtum hin oder her. Wenn ich mir das hier so ansehe, dann sind wir auch mit ziemlich viel äußerem Reichtum gesegnet.«

Die anderen brachen in schallendes Gelächter aus – typisch Maxi, sie konnte eben nicht aus ihrer Haut heraus.

Unterdessen nahm Artur Lisas Pfote in die seine und flüsterte ihr ins Ohr: »Und für mich bedeutet das Leben mit dir und die Aussicht auf eine Hamsterkinderschar äußeren und inneren Reichtum.«

Selbsterforschung

Welcher Hamstertyp bist du?

E igentlich hatte Artur es im Leben ganz gut getroffen: Er war gesund, hatte genug zu fressen und lebte friedlich zusammen mit Gleichgesinnten, von denen die fesche Lisa ein Auge auf ihn geworfen hatte. Das klingt doch alles gar nicht mal so schlecht, oder? Und dennoch war Artur manchmal zutiefst unzufrieden.

In solchen Momenten fühlte er sich innerlich leer und wusste gar nicht, was das Ganze überhaupt sollte. Er hockte dann grübelnd auf einem Stein, ohne eine Lösung zu finden.

Kommt dir das irgendwie bekannt vor? Hast auch du zuweilen das Gefühl, dir fehle etwas, obwohl der Kühlschrank gut gefüllt ist und du liebe Menschen um dich hast? Fühlst du dich manchmal nutzlos, obwohl du fleißig studierst, deinem Beruf nachgehst oder Kinder großziehst?

Willkommen im Club. Dem Club all derer, die einem Geheimnis auf der Spur sind. Die Mitglieder dieses Clubs treibt die Ahnung um, dass das Leben ein kostbares Geheimnis birgt. Manche Menschen überkommt diese Ahnung scheinbar aus dem Nichts, anderen vermittelt sie sich durch Leid oder außergewöhnliche Erlebnisse. Begibst du dich auf die Suche nach dem Geheimnis des Lebens, wirst du neue Erfahrungen machen; du wirst Höhen und Tiefen durchleben und dir selbst auf eine vollkommen neue Weise begegnen. Dafür musst du allerdings deine Komfortzone verlassen.

Was genau die eigene Komfortzone ausmacht, ist manchmal gar nicht so leicht zu sagen. Komfortzone klingt nach Auf-dem-Sofa-Liegen-und-Chips-essen. Aber das wäre zu kurz gegriffen. Maxi zum Beispiel, die sich die Backen nicht voll genug stopfen konnte, arbeitete hart. Ständig war sie unterwegs und sammelte neues Futter. Mit Faulsein hat das wenig zu tun. Dennoch bewegte sich Maxi innerhalb ihrer Komfortzone. Bei ihr waren es die gewohnten Bahnen, die sie nicht reflektierte. Weder hinterfragte Maxi ihre Umgebung noch sich selbst. Sie fand, dass Hamster leben, um zu hamstern. Punkt. Mehr gab es in ihren Augen dazu nicht zu sagen. Artur hingegen machte sich Gedanken. Nach dem großen Hagelsturm ergriff er die Chance, aus dem Alltagstrott auszubrechen, und machte sich auf die Suche nach einem neuen Revier für die Hamsterkolonie. Zunächst lockte ihn das Abenteuer. Tatsächlich stieß er in unbekannte Gegenden vor und segelte unverhofft über einen Bach.

Doch sein eigentliches Motiv wurde Artur erst im Laufe seiner Reise bewusst. Etwa wenn ihn der Erdgeist durch wiederholte Fragen dazu brachte, über seine Motive nachzudenken. Oder als er eine Vision entwickelte, die ihm Orientierung gab. Im Laufe seiner Reise lernte Artur, den Blick immer weiter nach innen zu wenden. Er entdeckte, dass ihm natürliche Stärken wie Neugier oder eine spielerische Einstellung halfen, Herausforderungen zu meistern.

Unsere inneren Reichtümer geben unserem Leben Vielfalt, Fülle und Intensität.

Und dann war da noch die Begegnung mit der weisen Hamsterin, die Artur einen kleinen goldenen Schlüssel gab sowie den Hinweis, dass das Geheimnis des Lebens verknüpft ist mit dem Sinn des Lebens.
Der Sinn des Lebens. Das klingt so groß und so schön. Doch wie findet man ihn? Das fragten sich Artur und seine Gefährten, selbst als sie bereits ihr paradiesisches neues Revier am grünen See in den Bergen erreicht hatten.
Schließlich entdeckte Artur eine Schatztruhe, die sich durch den kleinen goldenen Schlüssel öffnen ließ, den ihm die weise Hamsterin gegeben hatte. Darin lag ein Spiegel. Durch die Entwicklung, die Artur auf seiner Reise durchlaufen hatte, erkannte er, dass der Spiegel ein Symbol war. Der Spiegel steht für das Innere desjenigen, der in den Spiegel blickt.

Mit anderen Worten, unsere inneren Eigenschaften sind es, auf die es im Leben ankommt. Sie müssen wir entfalten, um ein erfüllendes Leben zu führen. Die äußeren Herausforderungen, die Artur bestanden hatte, waren bloß Schritte auf dem Weg, um seine inneren Qualitäten zu entdecken.

Doch warum befand sich der Spiegel in einer Schatztruhe? Hätte es nicht gereicht, dass Artur ihn am Ufer des grünen Bergsees findet? Nun, zum einen sind Schatztruhen gut verschlossen, man braucht also den passenden Schlüssel, um sie zu öffnen. In unserer Geschichte öffnet Artur die Truhe mit einem realen Schlüssel, doch im Grunde sind es seine Erfahrungen, die ihn in die Lage versetzen, die Truhe zu öffnen.

Entdecke auch du das Geheimnis des Lebens!

Zum anderen bergen Schatztruhen bekanntlich etwas Kostbares. Und genau das sind die Qualitäten, die Artur auf seiner Reise in sich entdeckte: Neugier, Wachsamkeit, Lebensmut, eine spielerische Haltung zum Leben, eine Vision haben, Einfallsreichtum, die Kunst des Alleinseins, Ausdauer, Selbstfürsorge und Leichtigkeit. All das sind Reichtümer, die in uns schlummern. Sie müssen wir hegen und pflegen, dann treten wir in Kontakt mit dem, was unserem Leben Sinn verleiht. Diese inneren Reichtümer geben unserem Leben Vielfalt, Fülle und Intensität.

Jeder von uns ist anders, jeder geht anders mit Herausforderungen um. Doch eines gilt für uns alle: Um das Geheimnis des Lebens zu lüften, müssen wir etwas wagen. Wir müssen unsere Komfortzone verlassen. Es reicht nicht, wie Fridolin den Kopf in den Sand zu stecken, wie Karl bloß zu nörgeln oder wie Maxi fleißig in den gewohnten Bahnen weiterzumachen. Erst wenn wir wie Artur den Mut aufbringen, uns auf Neues einzulassen, entwickeln wir uns weiter. Erst dann führen äußere Herausforderungen dazu, dass wir unsere inneren Stärken tatsächlich entdecken.

Möchtest auch du das Geheimnis des Lebens entdecken? Bist du bereit, deine Komfortzone zu verlassen und nach innen zu schauen? Wenn ja, dann finde heraus, welcher Hamstertyp du bist, und entdecke deine Stärken und Potenziale!

Test: Wie sinnerfüllt lebst du?

Sinn suchen statt Sachen sammeln

Dieser Test ist allein für dich bestimmt und daher solltest du
ehrlich zu dir selbst sein. Nur wenn du die Fragen wahrheits-
gemäß ausfüllst und dir auch offen und ehrlich eingestehst,
worin du noch wachsen könntest, wird dir die Auswertung
deinen Standpunkt offenbaren und auf deinem Weg zu einem
größeren Hamster-Sinn von Nutzen sein.

Überlege dir bei jeder der folgenden 30 Aussagen, inwieweit
sie auf dich zutrifft. Dabei gibt es 5 mögliche Antworten.
Wenn deine Antwort »trifft zu« ist, so sind das 5 Punkte,
die du in das Kästchen neben der Aussage eintragen kannst.
Bei »trifft häufig zu« 4 Punkte, dann 3 etc. Die folgende
Tabelle gibt dir eine Übersicht:

5 Punkte	trifft zu
4 Punkte	trifft häufig zu
3 Punkte	trifft manchmal zu
2 Punkte	ist meistens unzutreffend
1 Punkt	ist immer unzutreffend

Wie stark trifft nun die folgende Aussage auf dich zu?
Trage die Punkte jeweils in das Kästchen links ein:

Punktzahl   Aussage

1) Ich erlebe Freude und Begeisterung bei dem, was ich tue.

2) Ich kenne meine Kräfte, achte stets auf mich und darauf, dass meine Kräfte wachsen.

3) Ich erkenne in jedem Moment, dass das Leben es gut mit mir meint.

4) Andere erleben mich als jemand, der sie inspiriert.

5) Ich liebe Veränderungen und begegne ihnen mit Freude und Aufmerksamkeit.

6) In jeder Situation schaffe ich es, neugierig und offen zu sein für das, was kommt.

7) Ich übe überwiegend Tätigkeiten aus, die mich auch persönlich weiterbringen.

8) In einer Krise erkenne ich immer eine Chance für mich.

9) Mir ist bewusst, dass ich jederzeit den Fokus auf das Gute legen und dankbar sein kann.

10) Ich begegne mir selbst mit Liebe und Wertschätzung.

11) Es gelingt mir, meine Konzentration auf aktuelle Gegebenheiten zu richten.

Punktzahl	Aussage
☐	12) Ich schaffe es stets, Zeit für die Dinge zu haben, die mir am Herzen liegen.
☐	13) Andere bewundern mich für meine positive Lebenseinstellung.
☐	14) Ich liebe immer das, was ich in dem Moment gerade tue.
☐	15) Ich liebe die Menschen, mit denen ich mich umgebe – sie bereichern mich.
☐	16) Auch in schwierigen Situationen kann ich den Menschen mit Verständnis und Wohlwollen begegnen.
☐	17) Ich kann gut meine Bedürfnisse erkennen und lebe diese dann auch konsequent.
☐	18) Berufliche Herausforderungen beflügeln mich und ich wachse an neuen Aufgaben.
☐	19) Meine Arbeit mache ich, weil sie mich neben der finanziellen Sicherheit auch persönlich bereichert.
☐	20) Ich kann das annehmen, was das Leben für mich bereithält.
☐	21) Ich habe eine Vorstellung davon, wer ich sein möchte, und richte mein Leben daran aus.

Punktzahl	Aussage

	22) Meine Einstellung und mein Handeln tragen dazu bei, die Welt ein Stück besser zu machen.
	23) Ich erfahre in meinem Leben, dass es immer einen guten Grund gibt, wenn etwas geschieht.
	24) Ich habe eine bedeutungsvolle Lebensaufgabe, die zu meinen Stärken passt.
	25) Ich kenne meine Stärken und weiß sie so einzusetzen, dass sie anderen einen Nutzen bringt.
	26) Auch in ausweglosen Situationen bin ich zuversichtlich, immer einen Weg zu finden.
	27) Ich genieße das Leben in jedem Moment und spüre meine innere Kraft.
	28) Ich habe ein gutes Gefühl dafür, was für mich gut und richtig ist.
	29) Wenn ich etwas erlebe, dann mit ganzer Intensität und mit innerer Freude.
	30) Ich habe Vertrauen in das Leben und erlebe inneren Reichtum.

Test-Auswertung

Zähle nun noch die Punkte zusammen und finde anhand deines Ergebnisses den für dich passenden Auswertungstext.

Summe: [   ] Punkte

Weniger als 46 Punkte: sammelleidenschaftlicher Feldhamster

Wenn du dir die Frage stellst, ob du bei dem, was du tust, glücklich bist, so musst du feststellen, dass das aktuell nicht immer der Fall ist. Es gibt für dich noch zu viele Tätigkeiten, die sein müssen, und weniger Tätigkeiten, die für dich eine Bereicherung darstellen. Materielle Sicherheit bestimmt deinen Alltag. Intuitiv weißt du aber: Das, was für dich eine Bereicherung darstellt, liefert dir Energie für dein Leben. Leider fehlt dir momentan noch das Vertrauen in die Veränderung. Allein die Tatsache, dass dir das bewusst ist, zeigt, dass ein Aufbruch für dich wichtig ist. Eine solche Veränderung macht dir Angst, und das ist ein Zeichen dafür, dass du deine Einstellung und deine aktuelle Situation überdenken solltest. Es gibt Mechanismen, die du nutzen kannst, um mehr Mut zu haben. Lerne diese kennen, integriere sie in deinen Alltag und nutze sie konsequent. Suche dir auch Unterstützung durch Menschen in deinem Umfeld. Wenn du an Erfolg denkst, so konzentrierst du dich noch zu stark auf materielle Sicherheit und die Dinge, die du glaubst in deinem Leben unbedingt zu brauchen. Im Grunde geht es dir momentan noch darum, Sachen zu sammeln, zu hamstern.

Deshalb solltest du eine Vorstellung davon entwickeln, wer du persönlich sein willst. Du ziehst schon jetzt deine Energie aus den Dingen und Erlebnissen, die dir Spaß bereiten, und davon solltest du mehr haben. Suche dir Menschen in deinem Umfeld, auf die du zählen kannst. Sorge dafür, dass sie dich und deine Vorstellung von der Zukunft kennenlernen. Dann hast du die Chance, dein Hamsterrad zu verlassen.

46–75 Punkte: etablierter Stadthamster

Wenn du das tust, was deinen Stärken entspricht, wirst du niemals mehr richtig arbeiten. Aktuell bist du noch nicht angekommen, aber du bist auf dem richtigen Weg. Es gibt für dich noch zu viele Tätigkeiten, die sein müssen, und nur zum Teil Tätigkeiten, die eine Bereicherung darstellen. Intuitiv weißt du: Das, was für dich eine Bereicherung darstellt, liefert dir Energie für dein Leben. Leider fehlt dir aktuell noch die Neugier und Offenheit für das Neue. Allein die Tatsache, dass dir das bewusst ist, zeigt, dass du im Aufbruch bist. Immer dann, wenn dir Situationen Angst machen, ist das ein Zeichen dafür, dass du deine Einstellung und aktuelle Situation überdenken solltest. Es gibt Mechanismen, die du nutzen kannst, um mehr Mut zu haben. Lerne diese kennen und nutze diese. Nur so schaffst du es, Unterstützung durch die Menschen in deinem Umfeld zu erhalten. Dann gelingt es dir immer besser, Veränderungen als Herausforderung zu sehen und spielerisch damit umzugehen. Wenn du an Erfolg denkst, so ist dir die materielle Sicherheit aktuell noch wichtiger als die Entwicklung deiner Persönlichkeit.

Deshalb solltest du eine Vorstellung davon entwickeln, wer du sein willst. Du ziehst schon jetzt deine Energie aus den Dingen und Erlebnissen, die dir Spaß bereiten, und davon solltest du mehr haben. Du weißt auch um die Menschen in deinem Umfeld, auf die du zählen kannst. Sorge dafür, dass sie die Vorstellung von deiner Zukunft und deiner persönlichen Entwicklung kennenlernen. Dann hast du eine Chance, zuverlässige Begleiter auf deinem Weg zu gewinnen.

76–105 Punkte: hybrider Streifenhamster

Du weißt, wie wichtig es ist, in dem, was du tust, begeistert zu sein. Deshalb tust du häufig das, was deinen Stärken entspricht und wichtig für das Erreichen deiner Ziele ist. Es gibt für dich Tätigkeiten, die sein müssen, und auch Tätigkeiten, die dich persönlich bereichern. Das, was für dich eine Bereicherung darstellt, liefert dir Energie für dein Leben. Deshalb bist du in diesem Bereich auch neugierig und offen für neue Erfahrungen. Wenn dir Situationen Angst machen, ist das ein Zeichen dafür, dass du deine Einstellung überdenken solltest. Du kennst die Mechanismen, die dir helfen, mehr Mut zu haben. Nutze sie und du wirst merken, dass du auf Unterstützung durch die Menschen in deinem Umfeld zählen kannst. Du schaffst es immer mehr, Veränderungen als Herausforderung zu sehen und spielerisch damit umzugehen.

Wenn du an Erfolg denkst, so ist dir materielle Sicherheit ebenso wichtig wie die Entwicklung deiner Persönlichkeit. Deshalb entwickelst du eine Vorstellung davon, wer du sein willst und was du besitzen möchtest. Du ziehst deine Energie aus den Dingen und Erlebnissen, die dir Spaß bereiten, und weißt um die Menschen in deinem Umfeld, auf die du zählen kannst. Sorge dafür, dass sie dich persönlich kennenlernen sowie deine Vorstellung von deiner Zukunft und deiner persönlichen Entwicklung. Dann hast du zuverlässige Begleiter auf deinem Weg. So kannst du zuversichtlich sein und deine Stärken entschlossen für das Richtige einsetzen.

106–135 Punkte: erleuchteter Goldhamster

In allem, was du tust, siehst du eine Chance und bist begeistert, deinem Ziel wieder ein Stück näher gekommen zu sein. Du hast erkannt, dass es wichtig ist, das zu tun, was deinen Stärken entspricht. Deshalb nimmst du gerne Tätigkeiten wahr, die eine Bereicherung darstellen. Überwiegend bist du neugierig und offen für neue Erfahrungen, aber es gibt manchmal auch Situationen, die dir zunächst Angst machen. Du weißt, wie wichtig es ist, diese Gefühle in Mut zu verwandeln, und schaffst dies auch überwiegend. Durch deine positive Ausstrahlung erfährst du dabei immer wieder Unterstützung durch die Menschen in deinem Umfeld. Du schaffst es zunehmend, Veränderungen als Herausforderung zu sehen und spielerisch damit umzugehen. Du machst dir bewusst: Reichtum liegt eher in deinem Inneren als im materiellen

Außen. Also tust du meist das Richtige, um deine innere Kraft zu erleben.

Du entwickelst eine Vorstellung davon, wer du sein möchtest, und bist auf der Suche nach der Tätigkeit und dem Umfeld, die dich unterstützen. Du spürst, dass dir das mehr Energie geben kann. Du strebst nach Sinn. Du hast bereits Menschen in deinem Umfeld, die deine Ziele unterstützen. Sorge dafür, dass sie auch den Wert für sich dabei erkennen. Wertschätzung und Vertrauen sind die richtigen Berater. So kannst du zuversichtlich sein und entschlossen deine Stärken für das Richtige einsetzen.

136–150 Punkte: sinnhafter, weiser Hamster
Du bist ein sehr begeisterungsfähiger Mensch, der es schafft, seinem Leben Sinn zu geben. Du bist stets neugierig und offen für das, was das Leben für dich bereithält. Dabei schaffst du es, andere zu inspirieren. Andere spüren deine positive und wohlwollende Ausstrahlung. Auch in schwierigen Situationen kannst du die Chance von etwas noch Wichtigerem erahnen. Deshalb erlebst du Veränderungen als Herausforderung und gehst spielerisch damit um. Du liebst es, etwas zu tun, das dich persönlich bereichert. Dabei erfährst du deine innere Kraft und du erlebst, dass das Glück zu jeder Zeit in dir liegt.

Du hast eine Vorstellung davon, wer du sein möchtest, und wählst die Tätigkeit und das Umfeld, die dich unterstützen. Dabei erkennst du, dass Wachstum Energie bedeutet. Deine

Einstellung trägt dazu bei, dass die Menschen in deinem Umfeld deine Ziele unterstützen und den Wert darin auch für sich erkennen. Dabei ist es für dich selbstverständlich, dem anderen wertschätzend zu vertrauen. Du bist zuversichtlich und entschlossen, deine Stärken für das Richtige einzusetzen.

 **Mehr als 150 Punkte: Hamster mit Rechenschwäche**
Rechnen ist nicht deine Stärke, dennoch bist du durchaus zu einem sinnerfüllten Leben fähig!

(Fachliche Beratung: Dipl.-Psychologin Silke Reinbold, INITIAL-AKADEMIE, Rheinstetten, www.initial-akademie.de)

Lebe die Hamster-Stärken in deinem Alltag!

Artur entdeckte auf seiner Reise innere Stärken, von denen er zuvor gar nichts wusste. Durch sie meisterte er alle Herausforderungen unterwegs und bahnte sich und seinen Gefährten den Weg in eine glückliche Zukunft. Entdecke auch du diese Stärken in dir und finde heraus, wie du sie auf deinen Alltag anwenden kannst. Das ist gar nicht mal so schwer und du wirst sehen: Dein Leben wird wie von Zauberhand leichter, reicher und sinnvoller!

Neugier

Interessiere dich ganz bewusst für dein Leben und dein Umfeld. Beschäftige dich jede Woche mit einer Sache, die für dich neu ist. Vielleicht liest du einen Zeitungsartikel, hörst einen Podcast, belegst einen Kurs in der Volkshochschule oder probierst ein neues Kochrezept aus … Ganz egal, was es ist – du wirst sehen, wie sehr die Beschäftigung mit Neuem dich belebt.

Wachsamkeit

Wachsamkeit ist eine zuvorkommende Form der Aufmerksamkeit. Sei aufmerksam gegenüber deinen Mitmenschen und dir selbst. Vielleicht bietest du einem älteren Herrn oder einer Mutter mit Kleinkind deinen Sitz im Bus an. Oder du schickst einer Bekannten, der es momentan nicht besonders gut geht, eine liebe SMS. Wenn wir alle mehr aufeinander achtgeben, wird die Welt zu einem schöneren Ort.

Lebensfreude, Lebensmut

Lass deine erste Handlung jeden Morgen ein Lächeln sein. Nimm bewusst die Schönheit der Natur, der Sonne und des Himmels wahr und freue dich über die Menschen, die in deinem Leben sind. Wenn es etwas gibt, das dir bevorsteht oder dich herausfordert, dann sage dir mehrmals am Tag: »Ich werde diese Herausforderung meistern!«

Geh spielerisch durchs Leben

Finde heraus, was dir Spaß macht, und integriere dies so oft wie möglich in deinen Alltag. Ob Tiere streicheln, Theater spielen oder technische Tüfteleien – schaffe dafür Platz in deinem Leben! Dass dies nicht auf Kosten anderer gehen darf, versteht sich für einen wachsamen Menschen von selbst.

Vision

Was ist dir im Leben wirklich wichtig? Nimm dir Zeit, um diese Frage ernsthaft zu beantworten. Vielleicht hilft es dir dabei, eine Collage zu basteln oder regelmäßig Tagebuch zu schreiben. Andere spüren auf Spaziergängen in der Natur, worauf es ihnen im Leben ankommt. Entwickle deine ganz persönliche Vision – und sei bereit sie anzupassen, falls das Leben danach verlangt.

Klein, aber oho

Hamster sind klein, aber nicht zu unterschätzen. Auch wir denken oft, dass wir nichts Besonderes sind und uns bescheiden müssen. Falsch gedacht! In dir steckt so viel mehr Einfallsreichtum, als du ahnst. Kultiviere ganz bewusst deine Kreativität und spüre, wie viel Kraft dir dadurch zuwächst.

Alleinseinkönnen

Keine Frage, wir Menschen sind gesellige Wesen. Dennoch ist es wichtig, allein sein zu können. Denn dabei stärken wir unsere inneren Kräfte. Finde heraus, wie gut du allein sein kannst. Geh allein in ein Restaurant zum Essen. Nimm dir ein Wochenende lang nichts vor: keine Freunde treffen, kein Kinobesuch etc. Verbringe einen Abend zu Hause ohne Internet, Telefon, Handy, Social Media. Schau, wie es dir in diesen Momenten geht. Was lösen sie in dir aus?

Ausdauer

Ziehe auf einem Blatt Papier zwei Spalten. In die linke trägst du Situationen oder Handlungen ein, in denen du Ausdauer bewiesen hast, in die rechte Spalte jene, in denen du nicht ausdauernd genug warst. Schau dir diese Liste gut an und überlege, weshalb du in den einen Fällen Ausdauer bewiesen hast und in den anderen nicht.

Selbstfürsorge

Wann hast du zuletzt etwas nur für dich getan? Und zwar nicht etwas, das notwendig ist (etwa zum Zahnarzt zu gehen), sondern was dir wirklich gutgetan hat (eine Massage, ein Spaziergang mit einem lieben Menschen). Überlege, welche Dinge dich erfreuen, die du dir aber oft verkneifst, da andere Dinge im Alltag wichtiger sind. Prüfe, ob Letzteres wirklich der Fall ist. Nimm dir vor, mindestens einmal pro Woche etwas zu tun, das dir ganz persönlich guttut.

Leichtigkeit

Wann immer du den Impuls hast, zu seufzen, dich über etwas zu beschweren oder zu ärgern, frage dich: Ist es wirklich so schlimm? In den meisten Fällen führt bereits diese Frage dazu, dass du über die Situation lächeln kannst. Sorge auch in deinen Beziehungen und deinem Besitz für mehr Leichtigkeit. Entsprechen deine Freundschaften deinem heutigen Leben oder haben sich einige davon überlebt und belasten im Grunde deinen Alltag? Und brauchst du all die Dinge, die sich mit der Zeit bei dir angesammelt haben, oder kannst du dich von einigen lösen? Vertraue darauf, dass du im richtigen Moment vom Leben das erhältst, was du brauchst.

Das sind ganz schön viele Anregungen und Aufgaben auf einen Schlag. Aber du brauchst sie nicht alle auf einmal in Angriff zu nehmen. Gehe lieber langsam vor, dafür aber konsequent. Suche dir ein Thema aus, das dich momentan besonders anspricht, und bleib dann eine Weile dabei. Lies dir jeden Tag den obigen Abschnitt dazu durch; vielleicht hilft es dir auch, nochmals das entsprechende Kapitel zu lesen, um dich von Arturs Weg inspirieren zu lassen. Hab Vertrauen in dich und deine inneren Stärken. Ich wünsche dir auf deiner Reise viele schöne Erlebnisse und kostbare Einsichten!

Zum Nachlesen weiterer Weisheiten

Friedrich, Kerstin; Malik, Fredmund und Seiwert, Lothar: *Das große 1 × 1 der Erfolgsstrategie. EKS® – Die Strategie für die neue Wirtschaft.* Gabal Verlag

Johnson, Spencer: *Die Mäuse-Strategie für Manager: Veränderungen erfolgreich begegnen.* Ariston Verlag

Kattilathu, Biyon: *Der Rikscha-Fahrer, der das Glück verschenkt.* Gräfe und Unzer Verlag

Kotter, John und Rathgeber, Holger: *Das Pinguin-Prinzip: Wie Veränderung zum Erfolg führt.* Droemer Verlag

Küstenmacher, Werner Tiki; mit Seiwert, Lothar: *Simplify Your Life. Einfacher und glücklicher leben.* Campus Verlag

Seiwert, Lothar: *Das 1 × 1 des Zeitmanagement. Zeiteinteilung, Selbstbestimmung, Lebensbalance.* Gräfe und Unzer Verlag

Seiwert, Lothar: *Die Bären-Strategie: In der Ruhe liegt die Kraft.* Heyne Verlag

Seiwert, Lothar: *Die Tiger-Strategie: Wer für seine Erfolge nicht selber sorgt, hat sie nicht verdient.* Ariston Verlag

Seiwert, Lothar: *Lass los und du bist Meister deiner Zeit. Mit Konfuzius entschleunigen und Lebensqualität gewinnen.* Gräfe und Unzer Verlag

Seiwert, Lothar: *Noch mehr Zeit für das Wesentliche. Zeitmanagement neu entdecken.* Goldmann Verlag

Seiwert, Lothar: *Simplify Your Time. Einfach Zeit haben.* Campus Verlag

Seiwert, Lothar: *Start Your Bullet Journal. Der neue Lebensplaner für deine Wünsche, Träume und Ziele.* Knaur Balance

Seiwert, Lothar: *Wenn du es eilig hast, gehe langsam. Wenn du es noch eiliger hast, mache einen Umweg.* Campus Verlag

Seiwert, Lothar und Gay, Friedbert: *Das 1 × 1 der Persönlichkeit. Mehr Menschenkenntnis und Erfolg mit dem persolog®-Modell.* Gräfe und Unzer Verlag

Danksagung

Herzlichen Dank an *Ulrich Ehrlenspiel*, Programmgeschäftsführer GU-Verlag, für Inspiration und Initiative bei diesem Buch und an »Hamsterin« *Anja Schmidt*, Stellvertretende Verlagsleitung im Bereich Körper, Geist & Seele, für die hilfreiche, kreative Projektbegleitung.

Ganz besonderer Dank an *Dr. Antje Korsmeier* sowie *Stephanie Ehrenschwendner* und *Thomas Jeier* für die großartige konzeptionelle und redaktionelle Unterstützung bei diesem schönen Projekt.

Danke an meine Agentin *Lianne Kolf* für unsere wunderbare, langjährige und erfolgreiche Zusammenarbeit und Freundschaft.

Danke an Diplom-Psychologin *Silke Reinbold*, INITIAL Akademie, für deine professionelle Beratung beim Hamster-Test.

Mein tierischer Dank an alle *Hamster* sowie alle *Leserinnen* und *Leser*, die sich auf das konzentrieren wollen, was im Leben wirklich wichtig ist.

Über den Autor

Prof. Dr. Lothar Seiwert, Certified Speaking Professional (CSP), ist seit über 30 Jahren Europas führender Experte für Zeit- und Lebensmanagement. Etliche seiner Bücher wie sein Weltbestseller *»Simplify your Life«*, aber auch *»Wenn du es eilig hast, gehe langsam«*, *»Simplify your Time«*, *»Die Bären-Strategie«*, *»Die Tiger-Strategie«* u. v. a. sind Best- und Longseller. Millionen Menschen weltweit haben Lothar Seiwert in seinen Vorträgen erlebt und sind durch seine Bücher dazu inspiriert worden, sich auf das Wesentliche zu fokussieren. Die German Speakers Association (GSA) ehrte ihn mit der Aufnahme in die »Hall of Fame« der besten Vortragsredner und wählte ihn 2015 zu ihrem Ehrenpräsidenten. Der Speakerweltverband GSF ernannte ihn 2018 in Neuseeland zum »Global Speaking Fellow«, der höchsten und wichtigsten internationalen Qualitätsauszeichnung für Vortragsredner. www.Lothar-Seiwert.de

Impressum

© 2020 GRÄFE UND UNZER
VERLAG GmbH, München

Projektleitung: Anja Schmidt
Lektorat: Dr. Antje Korsmeier
Illustrationen:
Jana Walczyk, Osnabrück
Umschlaggestaltung und Layout:
independent Medien-Design,
Horst Moser, München
Herstellung: Susanne Fuhrmann
Satz: Uhl + Massopust, Aalen
Repro: Longo AG, Bozen
Druck und Bindung: DZS Grafik,
Slowenien
Syndication: www.seasons.agency

ISBN 978-3-8338-7122-1
1. Auflage 2020

 www.facebook.com/gu.verlag

Ein Unternehmen der
GANSKE VERLAGSGRUPPE

MEHR ENERGIE,
MEHR WOHLBEFINDEN!

LOTHAR.SEIWERT
ZEITNAH

Holen Sie sich Tipps für mehr Zeit und Lebensqualität!
www.Lothar-Seiwert.de/Newsletter

PROF. DR. LOTHAR SEIWERT

DER TOP-SPEAKER FÜR ZEIT- UND LEBENSMANAGEMENT

bietet Vorträge, bei denen die Zeit rasend schnell vergeht und Ihre Teilnehmer mehr an Lebensqualität gewinnen.

Prof. Dr. Lothar Seiwert als Sprecher buchen unter: info@seiwert.de

**www.Lothar-Seiwert.de und Tel: 07000 - 7 349 378
oder 07000 - SEIWERT**